全民阅读·经典小丛书

一分钟口才训练

YIFENZHONG KOUCAIXUNLIAN

冯慧娟 编

吉林出版集团股份有限公司

版权所有　侵权必究

图书在版编目（CIP）数据

　　一分钟口才训练/冯慧娟编.—长春：吉林出版集团股份有限公司，2016.1
　　（全民阅读.经典小丛书）
　　ISBN 978-7-5534-6979-9

　　Ⅰ.①一… Ⅱ.①冯… Ⅲ.①口才学－通俗读物
Ⅳ.① H019-49

　　中国版本图书馆 CIP 数据核字 (2016) 第 031491 号

YI FENZHONG KOUCAI XUNLIAN

一分钟口才训练

作　　者：	冯慧娟　编
出版策划：	孙　昶
选题策划：	冯子龙
责任编辑：	王诗剑　孙骏骅
排　　版：	新华智品
出　　版：	吉林出版集团股份有限公司
	（长春市福祉大路 5788 号，邮政编码：130118）
发　　行：	吉林出版集团译文图书经营有限公司
	（http://shop34896900.taobao.com）
电　　话：	总编办 0431-81629909　营销部 0431-81629880 / 81629881
印　　刷：	北京一鑫印务有限责任公司
开　　本：	640mm×940mm 1/16
印　　张：	10
字　　数：	130 千字
版　　次：	2016 年 7 月第 1 版
印　　次：	2019 年 6 月第 3 次印刷
书　　号：	ISBN 978-7-5534-6979-9
定　　价：	32.00 元

印装错误请与承印厂联系　电话：18611383393

前言
FOREWORD

有人说，一个会说话的人可以少走几十年弯路，一句妙言可以促成一个惊天动地的壮举。还有人说，能说会道的商人会宾客盈门、财通三江、誉播四海，可谓一言进万财，一语通八方；而不善言辞者则门可罗雀，财路不畅。

美国著名的成功学大师戴尔·卡耐基也说："假如你的口才好，它可以使人家喜欢你，可以结交好的朋友，可以开辟前程，使你获得成功。"

一个人无论多么高贵与富有，多么机敏与聪慧，多么高尚与深邃，但是，如果他不能把自己内心的想法适当地表达出来，那么就是再有价值的学说、再闪光的思想，也没有任何意义。

为了让我们的能力得到更好的发挥，我们就必须要培养自己的口语表达能力，学习让人喜欢的语言沟通技巧。我们只有与他人进行良好的沟通，才能引起心灵的共鸣，才能使我们与他人融洽相处，在人际场上游刃有余。

一分钟口才训练

您想在同学面前脱颖而出，成为领袖吗？

您想在演讲辩论中妙语连珠，征服对方吗？

您想在面试时发挥才华、过关斩将，抓住进入一流公司和获得高薪的机会吗？

您想成为一个幽默风趣、富有领导能力、人际关系良好的优秀人才吗？

您想在恋人面前展现人格魅力，表达真情实意，赢得美好的爱情吗？

……

相信本书会带给你最实用的口才训练方法，最快速的口才提高途径，令你凭借出众的口才、不凡的谈吐，为自己打开一条通往成功的坦途。

目录
CONTENTS

会说话不等于好口才
——提高口才的4大误区 / 013

1. 伶牙俐齿不等于好口才 / 014
2. 谈古论今不等于好口才 / 016
3. 强于论辩不等于好口才 / 017
4. 刻意煽情不等于好口才 / 018

好口才不是天生的
——训练口才的4大认识 / 019

1. 许多名嘴也曾嘴笨舌拙 / 020
2. 训练口才并不费劲，随时随地都有现成场景 / 021

一分钟口才训练

3. 练口才不必名师指导，
多看多练就能领悟 / 022
4. 找对方法，一分钟练就好口才 / 024

一分钟消除陌生
——口才训练7大技巧 / 025

1. 借问时间与对方搭上话 / 026
2. 用赞美作为开场白 / 028
3. 作个幽默的自我介绍 / 031
4. 从对方的姓名说开去 / 033
5. 询问对方感兴趣的事 / 035
6. 寻找双方的共同点 / 037
7. 为对方提供一些他需要的信息 / 041

目录
CONTENTS

一分钟拉近人心
——口才训练6大法则 / 043

1. 主动打招呼，给对方留个好印象 / 044
2. 记住对方的名字，让他感觉自己很重要 / 046
3. 多说让人感受到关心的话 / 048
4. 承认别人比你强，把优越感让给他 / 050
5. 坚持在背后只说人好话 / 052
6. 他人受到冷落时，热情地与他交谈 / 055

一分钟得到认可
——口才训练7大要点 / 057

1. 从共同的观点入手 / 058
2. 采用肯定式表达 / 060

一分钟口才训练

3. 用词简练，把事情表达得清晰有条理 / 063

4. 言语柔和，但有力度 / 065

5. 在众人面前决不发牢骚 / 067

6. 不要告诉人家你更聪明 / 070

7. 用语言让上司发现你的业绩 / 072

一分钟求得帮助
——口才训练6大招术 / 075

1. 趁着人家高兴时开口求助 / 076

2. 称赞对方"乐于助人"，让他主动帮忙 / 077

3. 想请对方帮个小忙，先要提出让他帮个大忙 / 079

4. 找出利益共同点，让对方知道事情跟他有关系 / 081

5. 必要时也要吓唬对方 / 083

6. 请将不如激将 / 085

目录
CONTENTS

一分钟化解尴尬
——口才训练7大方法 / 087

1. 勇于自嘲，给自己找台阶下 / 088
2. 前话说错，后话弥补 / 090
3. 学会"和稀泥" / 092
4. 顾左右而言他，让不识趣的人走开 / 095
5. 故意歪解他人的意思 / 097
6. 避实就虚，假装糊涂 / 099
7. 顺梯而下，保全双方面子 / 101

一分钟消除争端
——口才训练7大策略 / 103

1. 及早避开危险的话题 / 104
2. 别让伤人的话"脱口而出" / 106

一分钟口才训练

3. 把矛盾引到无伤大雅的事上 / 109
4. 有分歧的事以后再商量，避免当面冲突 / 111
5. 肯定对方意见中的合理部分 / 114
6. 多做自我批评，唤起对方自责心理 / 116
7. 讲述纠纷双方各自的优点，唤醒其荣誉感 / 119

一分钟巧妙拒绝
——口才训练7大细节 / 121

1. 不直接拒绝，拐弯抹角地说 / 122
2. 借第三者之口拒绝 / 124
3. 告诉对方正好错过时机，下次一定帮忙 / 126
4. 贬低自己的能力，表示无能为力 / 128
5. 巧用暗示拒绝，不伤对方的面子 / 130
6. 先同情，后赞美，再说理，才拒绝 / 132
7. 说明自己的苦衷，温和而坚定地说"不" / 135

目录
CONTENTS

一分钟说服他人
——口才训练6大手段 / 137

1. 站在对方的立场，表达出同理心 / 138
2. 鼓励对方多说话，再从中找切入点 / 141
3. 树立"共同的敌人"，与对方同仇敌忾 / 144
4. 诱导设问，让对方自己改变主意 / 147
5. 举出亲身经历，用事实说话 / 150
6. 动之以情，晓之以理 / 153

会说话不等于好口才

——提高口才的4大误区

1. 伶牙俐齿不等于好口才

是人才不一定有口才,但是有口才必定是人才。在时下激烈的社会竞争中,一个人如果拥有好口才往往会事半功倍,得到意想不到的成功。

很多人都把伶牙俐齿当成好口才,十分羡慕那些能说会道的人,但事实上并不能简单地看待此事。说话其实是需要用脑子的,而并不仅仅是用嘴表达。只有在大脑中充分积累了知识,才能做到"呼之欲出"。脑子反应够快并且嘴能说得出来才是好口才。好口才不是要你学会伶牙俐齿,而是要你言之有物,因为言之无物的话就是废话,说得多了反而容易给人不好的印象。如果你大脑中是一片空白,那么你再伶牙俐齿也无济于事。真正的好口才是以沟通为目的的交流手段,这就要求说者和听者互动,并最终促使听者的思想观念改变或某件事达成。这样,我们才达到了说的目的。

有一个年轻人,生性十分腼腆,说话甚至有些结巴,可就是这样一个人,阴错阳差地做上了销售的工作。按照一般的看法,做销售的人大都能说会道,这个年轻人实在是有些先天不足。可是没想到,两年后,他竟然晋升为公司的销售主管,并且年年销售额居全公司榜首。很多朋友不理解,就向他询问究竟。他微微一笑,用他特有的慢条斯理的腔调说:"许多人都以为伶牙俐齿就是好口才,就能做好销售,其实就我这么多年的经验来看,这完全是一个误解。刚开始我对自己也十分怀疑,自己口齿笨拙怎么能干好销售呢?于是我把心思都放在了与顾客的沟通上,真正地理解顾客的需要,用心与顾客交流。这样,虽然每次我说的话不多，但是每次都正好说中顾客的心思，打消了他们的疑虑和后顾之忧，并且让他们感觉我的产品真的能给他们带来实惠和方便，所以他们愿意购买我的产品。"

　　这个年轻人的经历告诉我们：能说不一定有用，伶牙俐齿也不等于好口才。只有把话说到对方的心坎上，达到打动对方的目的，这样才能叫会说，也才是真正意义上的口才。

2. 谈古论今不等于好口才

我国古代大圣人孔子有这样一句话："言之无文，行而不远。"意思是缺乏文采的文章，就不可能流行得久远。这是一个非常简单的道理。文采之于文章，之于说话，就像女同学的花衣裳一样。一个女孩子，如果穿上一件美丽的花衣衫，一定会更令人感到可爱，但这不等于衣服一定要妖艳、花里胡哨。如果作文说话只是一味谈古论今，吹嘘自己，引人艳羡，即使讨了不少人的喜欢，同时也会惹来不少人的厌恶。

光耍嘴皮子不能说有口才，夸夸其谈、哗众取宠更不能算是有口才，口才实则是一个人的综合素质和综合能力的体现。我们身边不乏有每天只会谈古论今、夸夸其谈的人，听他们闲侃总能令人联想起"嘴尖皮厚腹中空"、"拨弄是非"、"飞短流长"这些俗语、成语。这种嘴上功夫往往可能感染旁听的观众，却为明智的法官所不屑。有一个做律师的朋友，在大学时旁听了几年历史学，便经常在法庭上漫无边际地引用历史典故，向委托人和听众展示自己的才华，似乎在告诉委托人：看，你们没找错人吧。其实委托人和听众往往欠缺专业知识，总是不能够辨别出其言语是否对整个案件的胜诉有价值，或许他们会认为他确实才学非浅。但对于法官而言，效果却恰恰相反，他的"旁征博引"往往会造成法官的反感，最终使官司失利。

这充分说明了只会谈古论今不等于好口才。口才是否令人信服，关键在于你的话是否言之有物，切中了问题的要害。只有一语中的，才能真正算是好口才，真正得到别人的敬服。

3. 强于论辩不等于好口才

不少人对口才的内涵有误解，他们或巧舌如簧、耍嘴皮子，或夸夸其谈、哗众取宠，或强词夺理、无理诡辩，片面认为口才只是口语表达的方式。这种认识与口才的真谛大相径庭。有很好口才的人，往往不会逞强论辩，叫人无力还击。他们会尽量避免直接指出他人的错误，即使发觉别人真的说了一句错话，也不会轻易与人强辩争执。如果要指出错误，他们也多半会用"你的说法似乎不大对吧"这样商量的口吻。口才好的人恰恰能够控制自己，尽量不用揭人短处的方法攻击他人，因为他们知道此法一经使用，便覆水难收，你很难再和对方复交了。

有一个小伙子，在大学时经常参加各种辩论赛，是论辩的高手。工作以后，他依然延续自己的风格，与同事或客户交流时总是摆出咄咄逼人的态势，结果同事们没法与他合作，客户不断流失，工作经常被搞砸。后来他认识到，无论何时何地，陈述意见时用谦虚的口吻和方式，都会使人容易接受；说错了话，自己也不致受窘。因此，他通过自我矫正，尽力克服本性，严守"谦虚"二字，把"当然"、"不消说"、"你不对"等字眼改掉，换以"据我所知"、"我只觉得"、"似乎"、"可能"等等的词语。后来习惯渐成自然，他的工作也变得一帆风顺了。

这个小伙子的经历证明：强于论辩并不等于好口才。用更平和的口吻交流，才能取得更好的效果。

4. 刻意煽情不等于好口才

好口才绝对不是空洞的抒情，刻意的煽情，引人流泪并不代表口才的成功。虽然煽情是社会交往中常用的战术，用来博得他人的同情或者共鸣，但也要注意不可过火，刻意的煽情只会让人感觉不自在。

需要调动他人感情时，首先要自己投入感情，所谓"慷慨激昂时，声嘶力竭；沉痛哀伤处，气若游丝"，从而引起听众的共鸣。或悲或喜，或笑或骂，这种真情的流露是一个人对他人的理解，对工作的理解，甚至是对人生的洞明，而不是刻意煽情煽出来的。

国内某些电视访谈节目的主持人可谓煽情的高手，节目中总是刻意把场上气氛搞得悲悲戚戚，让嘉宾、观众哭哭啼啼，好像只有这样才显得节目真实、感人、有深度，也才能显示出自己的口才与主持功力。而且有些煽情段落，主持人故意拿腔拿调，令人感到十分做作甚至虚伪，简直是将观众的情绪玩弄于股掌之间。长此以往，观众有了一种被人愚弄的感觉，批评之声也就不绝于耳了。

"把人说哭"并不代表好的口才，只有以真诚的态度，引起他人心灵上的共鸣，使感情的宣泄水到渠成，才能得到他人的认同。

好口才不是天生的

——训练口才的4大认识

1. 许多名嘴也曾嘴笨舌拙

这世上没有天生口才好的人。即使是公认的口若悬河者，也不是在任何状态下都可以应付自如的。任何人都必须历经失败的考验，才能逐渐进步，进而获得好口才。那些天天出现在屏幕里侃侃而谈的名嘴们很多也曾经是嘴笨舌拙的人。

凤凰卫视的著名主持人窦文涛讲述自己的成长经历时，曾毫不避讳地提到，自己在小学五年级之前一直就有轻微的口吃毛病，经常受到小朋友的嘲笑，直到他选择了新闻行业多年之后仍然不太自信。他觉得自己外语不好，外貌不佳，同时他对自己的嘴笨舌拙也有顾虑，所以心里一直有些自卑。在这种心理暗示下，窦文涛在与凤凰卫视签约时留了个心眼，坚持签下两份协议，一份是主持人协议，一份是撰稿人协议——万一当不成主持人了，做撰稿人还能维持生活。后来，经过艰苦的练习和工作的磨练，窦文涛终于成为凤凰卫视不可缺少的主持人之一，越来越受到观众的喜爱。他坚持认为，自己其实还是个嘴笨舌拙的人，紧张的时候还改不了口吃的毛病，可是只要他在工作中进入状态，知道自己要说什么，那些毛病就都不重要了，观众就都能清楚地领会到他所要表达的意思。

可见好的口才绝非天生造就的，那是经过长期的锻炼和有意识的培养而形成的。口才不好的朋友不用灰心失望，经过有意识的练习和不懈的努力，人人都有可能拥有好口才。

2. 训练口才并不费劲，随时随地都有现成场景

随着时代的进步，口才已经成为当今社会人才的必备素质。有些朋友以为训练口才是一件十分困难的事，其实训练口才就是要不断寻找说话的机会。你要知道随时随地都有机会进行说话的练习，随时随地都是现成的场景。到处都有你练习说话的题材，到处都有你练习说话的对象。古往今来，欲成大事者或求生存者，每天都在表达自己，说服别人。练习的机会越多，改进的机会也就会越多，而且练习说话的效果，也是更容易看到的。

一个朋友上学期间总是沉默寡言，工作后迫于生活的压力必须练就一副推销的好口才，于是他开始寻找各种机会锻炼自己，却发现原来到处都是练习的机会，每天都可以练习，因为他每天都要跟人打交道。生活在一起的家人、共同工作的同事、亲密的好朋友、每天来往的顾客、马路上同一方向行走的路人、公交车站一起等车的乘客……到处都是练习的对象。在温馨的家里、在忙碌的办公室、在公众场合、参加社区组织的活动、从事志愿活动、各种规模形式的聚会……开口说话的机会到处都是。他不用费心寻找，只要主动开口，随时随地都有机会练习口才。当他把这个发现告诉大家的时候，他已经变成了一个超级推销员。

其实训练口才并不费劲，我们随时随地都有运用口才的机会。只要我们尽可能多地参与各种活动，多开口发言，就会获得很多训练口才的机会。

3. 练口才不必名师指导，多看多练就能领悟

练好口才是不需要刻意去寻找名师来指导的，练成这个真本事的关键就是通过多看多练来领悟。这跟练武是一个道理，有了极强大的内功，武功招式学起来就轻而易举了。只有平时在社会上多看多练，才能"厚积薄发"，也才能练好口才。历史上很多口才好的名人并非是投奔名师学来的本事，而是通过自身多看多练领悟到了口才的真谛。

希腊有个著名的政治家狄塞西斯，因发音微弱和轻度口吃，一度不能演讲。他下定决心练好口才，把一块小卵石放在自己嘴里练习讲话，并且每天面对着大海高声呼喊。最终他的语言劣势得到弥补，成为闻名的大演说家。美国前总统林肯一心想练好口才，他每天步行30英里路程到法院去听律师们辩护，学习他们如何辩论和打手势，还去看传教士怎样挥舞手臂布道，回来后就自己对着树、树桩、成行的玉米秆练习。日本前首相田中角荣少年时也有口吃的毛病，为了克服口吃，练就口才，他非常刻苦地朗诵课文。为了准确发音，他对着镜子反复纠正口形和舌根的部位的动作。我国早期无产阶级革命家、演讲家肖楚女也是靠平时多看多练，练就了非凡的口才。他每天天刚亮都会到山上找一处僻静的地方，对着镜子开始练习，从镜子中观察自己的表情和动作，从而掌握了高超的演讲艺术，他的演讲至今仍受到世人的推崇。

上述名人都没有经过什么名师的指导，学习的对象是普通的律师、传教士，练习的工具是小卵石、镜子，练习的场所是高山、大海，他们

都是通过自身的努力，多看多练习取得成功的。我们也同样可以在与客户、同事的接触中多听、多看、多问，然后多练、多体会，慢慢了解人情世故，积累经验，增强应变能力，最终把自己磨练成为一个口才好、反应快、才思敏捷的奇才。

4. 找对方法，一分钟练就好口才

世上没有天生的演讲家，没有天生就拥有一副好口才的人，任何人都是通过学习和训练才拥有好口才的。正是由于交流沟通越来越重要，所以世界各地不断掀起练口才、练演讲的热潮。有一本《演讲与口才》的杂志特别受到欢迎，大学生们经常看这本杂志，因为他们中很多人也特别苦恼自己口才不行，走路时，老低着头，怕接触别人的目光，平时私底下说些不着边际的俏皮话尚可，一旦到了正式的场合肯定说不上十句话。

不过要想练就好口才，并不需要长年苦练，把自己搞得跟苦行僧似的，只要找对方法，当众说话其实轻而易举，也许只需要一分钟的练习就足够了。培养自信心、战胜自己是第一关，将自己的热忱与经验融入谈话中，在各种场合发言要最大胆，说话要最大声，演讲要最流畅。不断进行自我激励：我一定要最大胆地发言，我一定要最大声地说话，我一定要最流畅地演讲。你甚至可以假设听众都欠你钱，正要求你多宽限几天，你是个操纵生杀大权的债主，根本不用怕他们。

树立了足够的自信，我们就要寻找速成方法了，下文将详细解读一套口才速成的秘诀，只要遵循这些简单而重要的规则和方法，再付诸实践，你就能一分钟练就好口才，成为事业成功、受人尊敬的人才。

一分钟消除陌生
——口才训练7大技巧

1. 借问时间与对方搭上话

只有美的交流，才能使社会团结，因为它关系到一切人都共同拥有的东西。

——席勒

要练好口才，首先就要给自己创造更多的练习机会。与陌生人搭话，甚至把陌生人变成自己的老朋友，对练习口才是非常有意义的。但在口语交际中，许多人不知道怎么对陌生人开口，要么是因为胆怯紧张，要么是找不到合适的开口说话的借口，于是往往错过了练习口才最好的机会。

向陌生人问时间无疑是与陌生人开始谈话最常用的方法。回答时间的问题，绝大多数人都乐于帮忙，所以我们可以借此拉近与陌生人的距离，为进一步交谈奠定基础。

在江南一家小饭馆里，一位客人正在独自吃饭，这时又进来一位男子，坐在了对面。男子点完菜，就好似无意地问了一句："你好，请问几点了？"客人回答："快十二点了。"男子说："听口音你是东北人吧！"客人惊讶地说："对呀！我是吉林那旮旯的。"男子说："好地方啊！我几年前去过吉林！我也是东北的，沈阳的！"于是两个人越聊越对味儿，互换了名片，唠起了家常，吃完饭还签了两份合同：客人买了男子服装公司的一批廉价衣服，男子订了客人的一批鹿茸。两个人从陌生到熟悉到成为合作伙伴，就是从一句简单的问时间开始，一步一步找到共同点，找到共同的话题。

> **一分钟口才训练**
>
> **借问时间的注意事项**
>
> 1.要把自己手上戴的手表先摘下来,手机也不能拿,否则白痴都知道你是在故意搭讪。
>
> 2.语气要温和,态度要诚恳,一定要让对方觉得你确实很需要知道准确时间。
>
> 3.选择合适的时机和场合,不要给对方造成突兀的感觉或者引起麻烦。如果你要接近的人正在跟别人聊天,你偏要凑过去插嘴问时间,一定会吃闭门羹的。

2. 用赞美作为开场白

对于一般人来说，赞美的话恰恰同食物一样重要。

——戴尔·卡耐基

每个人都渴望被赞美，都渴望自己的行为得到别人的肯定，一句简单的赞美，就是结交朋友、改善关系的最好纽带。

王先生跟不少朋友的家人都相处得很好，其中与张先生夫人的友谊甚至比与张先生的友谊更为深厚。这是怎么回事呢？

原来，王先生在被介绍给张先生的夫人时，由于一下找不到适当的话题，就随口说了一句"你的手镯非常特别，看起来很有品位"，想要与她拉近距离。没想到这个手镯果然很珍贵，只有在巴黎圣母院才能买到，这也是张夫人最喜欢的首饰。王先生随口说的一句话，使张夫人想起有关手镯的点点往事，于是张夫人与他热烈地攀谈起来。他们也因此成了好朋友。

当然，这件事可以用"歪打正着"这个词来形容。但是，王先生的确是在无意识中选择了初次见面时最适当的话。

不过，要恰如其分地赞美别人并不是一件容易的事，如果称赞不得法，反而会弄巧成拙。

李小姐跟上司相处得不太融洽，她想改善这种僵硬的关系，就向朋友请教。朋友告诉她，你该学会赞美你的上司。第二天，上司经过李小姐座位时，李小姐冷不丁冒出一句："你穿这件白衬衫真好看啊！"上司一愣，什么也没说就进了自己的办公室，以后看李小姐的眼神更奇怪了。因为以前上司也穿这件白衬衫，都习以为常了。要是好看，李小姐怎么早不赞美？在没有赞美点的时候乱赞美，感觉就很勉强，恭维的痕迹也很重。但是如果上司每天都穿白衬衣，突然有一天穿了件花衬衣，这个变化就是赞美的好时机了，李小姐可以说："你以前穿白衬衣显得很精神，没想到穿花衬衣也别有一番气质呢！"这么一说，上司就会很高兴地接受李小姐的赞美。

所以，赞美也必须讲究技巧，只有运用得法，才能敲开对方的心扉。

一分钟口才训练

开口赞美时，你该从哪里说起

1.称赞他过去的成就及所有的物品。这种"间接奉承"在初次见面时比较有效。如果对方是女性，那么她的服饰是间接奉承的最佳对象。

2.赞美对方引以为豪之处。比如，一位因自己身材苗条而倍感自豪的女性，听到别人说她身材婀娜多姿，怎么会不感到由衷的高兴呢？

3.见到、听到别人得意的事，一定要第一时间表示称赞。比如一个人给你看他小孩的相片，那么你一定要马上称赞小朋友很可爱，你无声地把照片放回去，他会很不高兴。

怎样赞美才最打动人心

1.赞美要具体化。笼统地夸人漂亮，不如说她眼睛很漂亮更有效。

2.从否定到肯定的评价。这种用法一般是这样的：我很少佩服别人，你是个例外。

3.与自己做对比。通常情况下，一般人很难贬低自己。如果你这样做，就会显得格外真诚。

4.给对方没有期待的评价。如果你夸美女漂亮,她可能不会有太多感触,因为大家都这么说,所以你就要夸她有性格、有素质、有涵养。

5.适度指出别人的变化。此举意在告诉对方,"你在我心目中很重要,我很在乎你的变化"。

6.逐渐增强的评价。我们买菜时,如果卖菜者不断从盘子里往下取菜,我们大多会不高兴,但如果他是不断加菜,即使秤杆没有往下取时翘得高,我们也会很高兴。这是心理学的普遍定律。所以,我们赞美时也要逐渐加重程度,比如"这件衣服初看感觉不错,再看才发现做工考究,越看越觉得有品位。"

3. 作个幽默的自我介绍

> 幽默是表明工人对自己事业具有信心并且表明自己占着优势的标志。
> ——恩格斯

在交际活动中，介绍自己一直占有非常重要的地位，是一切社交活动的开始。自我介绍是一个人的"亮相"，关系到给对方留下怎样的最初印象，同时也是体现口才好坏的一项重要标准。

幽默恰好就是一剂开胃酒，是打开对方心扉的钥匙，可以帮助我们拉近与对方的距离。世界上没有一个人不喜欢风趣幽默的语言，而且幽默在很多时候与智慧是分不开的，可以表现出说话者的机智。许多名人和政治家都善用幽默来制造欢快的气氛或者应付一些棘手的问题。

1945年抗日战争胜利后，毛泽东同志亲赴重庆进行国共谈判。在接受记者采访时，他对自己和蒋介石的姓氏有非常风趣、精彩的解析："蒋先生（蒋介石）的'蒋'是将军头上加一棵'草'，说明他不过是个'草头将军'而已。我的'毛'字可不是'毛手毛脚'的'毛'，而是一个'反手'。意思很明显，代表中国人民根本利益的中国共产党，要战胜代表少数人利益的国民党易如反掌。"这种解释妙趣横生，赢得热烈掌声。

推销员可能是进行自我介绍最多的一个职业了，他们每天都要对新顾客进行一番自我介绍。在台湾某保险公司的客户见面会上，所有的工作人员都被要求作一个简短的自我介绍。轮到其中一位优秀的销售人员时，她站起来说："一只小猪会跳迪斯科，大家猜我的名字是什么？"大家异口同声地大声道："猪——会——摇，朱慧瑶？"她微笑着说:"快猜中了,你们反过来念!"大家都兴致昂扬地齐声说:"姚慧珠!"接着,全场响起一片笑声。这段新颖幽默的自我介绍,使所有在场的人迅速记住了这个女孩,并对她产生了好感。运用幽默制造出与客户一起笑的场面,就已经突破了推销的第一道难关,与成功的距离也拉近了一半。

一分钟口才训练

幽默也要避免用得不恰当

1.幽默必须注意场合,不能随时随地都用。一些比较正式的场合是不适合开玩笑的。

2.幽默也得高雅,那些低俗下流的玩笑绝对算不上幽默。

3.不需要幽默时不必幽默,如果硬要制造幽默可能反倒会弄得尴尬至极。

4. 从对方的姓名说开去

名因物生，名还生物。　　　　　　　　　　　——王夫之

每个人必有姓和名，姓名是代表人的一种符号，在很大程度上是一个人的象征。人的名字是否有某种暗示，唯心者或唯物者都没有定论，却都在自己的宝贝出生前，全家人就已经开始酝酿宝宝的名字了。在社会交往中，人们最初接触到的就是对方的姓名，两个不熟悉的人初次见面时能说出对方的名字已经是很不错的了，若再对对方的名字进行恰当的剖析，更会让对方感受到你的诚意。适当地围绕对方的姓名来称道对方不失为交往的一种好方法。名字是对方最熟悉的，也是最容易引起对方谈论兴趣的话题，所以从对方的姓名故事说开去，就会营造出更好的谈话氛围。

在公司交流会上，甲问乙："先生贵姓？"乙笑了笑回答："鄙姓是'半春半秋'。"甲想了想，很快便猜出来了，说："也请秦先生猜猜我的姓吧。我姓'颠来倒去都为头'。"乙皱着眉头想了想，突然高兴地笑了，向甲伸出了手："请米先生多多指教。"这样，通过互猜姓氏，两个素不相识的人成了朋友。

可见，解析姓名，往往可以勾起双方的谈话兴趣，引出更多的话题来。

一分钟口才训练

怎样从别人的姓名引发话题

1. 询问对方名字的来由,引起对方回忆。

2. 通过姓名的谐音联系到名字以外的事情,也适用于用自己的姓名开玩笑,制造幽默气氛。

3. 把姓名做成谜语,在竞猜中增进友谊。

4. 通过姓名的字面意思,预测对方的命运。

不能拿对方姓名乱开玩笑

1. 如果对方的姓名容易引发不好的话题,那还是回避的好。

2. 不要把对方的姓名跟自己的做类比,以防引起对方的反感。

5. 询问对方感兴趣的事

商人的兴趣就在那些能找到财富的地方。

——埃伯克

在与对方谈话的过程中，你可以从头到尾一直说话，但必须牢记，你是说给对方听的，不是说给自己听的。所以我们说话时还必须顾及对方的兴趣，要多为听者着想。

彼得是一家床上用品供应商，他一直想把他的产品推销给一家大旅馆，可是无论他追随着旅馆经理跑了多少地方，甚至在旅馆里包了一个房间，那个旅馆经理仍理都不理他。后来他了解到旅馆经理还兼任着旅游协会的主席一职，经常到各地开会，于是在下次见面时，彼得没有提自己产品的事情，而是询问有关各种会议的事情。这招果然奏效，旅馆经理兴致很浓，侃侃而谈，原本半个小时的约会整整延长了一个小时，虽然彼得一直没有机会谈他的产品的情况，但是会面结束后的第三天，旅馆经理就主动打来电话要他提供产品的报价。从这个事例不难看出，要想取得谈话的最佳效果，就一定要谈论对方感兴趣的话题。

一分钟口才训练

引起对方兴趣的具体方法

1. 从对方的工作和家庭以及重大新闻时事谈起，以此活跃气氛，增加对方对你的好感。

2. 提及对方的业余爱好，如体育运动等。

3. 谈论对方的工作，如在工作上曾经取得的成就或将来的美好前途等。

4.谈论时事新闻,对了解到的重大新闻发表看法。

5.谈论时下大众比较关心的焦点问题,如房地产是否涨价、如何节约能源等。

6.和对方一起怀旧,比如提起客户的故乡或者最令其回味的往事等。

7.谈论对方的身体,如提醒对方注意自己和家人身体的保养等。

8.要想使客户对某个话题感兴趣,你最好对这个话题同样感兴趣。

6. 寻找双方的共同点

> 喜欢社会中一小群志同道合的朋友，这是人的社会属性的基本原则。
> ——埃德蒙·伯克

谈话是双方的事情，如果只是自己一味地说下去，无论多么精彩，也会失去谈话的意义。所以必须调动对方的积极性，给对方恰当的时机和可以插话的话题，这就需要我们寻找双方的共同点，吸引对方发表他的意见，这样才能形成真正的谈话。

怎样才能找到自己和对方的共同点呢？这里讲几个真实的故事。

一位出版社的编辑和一位大学教授，到同一个朋友家参加晚宴。主人为这对原本陌生的人作了介绍，他们马上发现双方都是实验中学的毕业生，只不过差了两届。两个人马上就围绕"同学"这个突破口开始了交谈，回忆学校的点点滴滴，相互认识和了解，变得亲热起来。所以我们要留意谈话对象的情况介绍，就不难从中发现共同点，然后再在交谈中延伸，不断地发现新的共同关心的话题。

一次，一名退伍军人在回家探亲的路上看到一辆抛锚的汽车，那个驾驶员忙得满头大汗，一看就知道修了半天也没有修好。退伍军人走过去看了看，建议驾驶员把油路再查一遍，驾驶员将信将疑地查了一遍，果然找到了毛病，把车修好了。他试探着问退伍军人："你在部队待过？""是啊，待了十来年。""我说呢！我也在部队开过车，我觉得你很像个军人！说起来咱俩还算是战友呢。你当兵时部队在哪里？"……于是这一对陌生人就聊了起来,后来还成了好朋友。这就是在经过充分的观察以后,驾驶员发现双方都当过兵的这个共同点,拉近了彼此的距离。

这样的例子还有很多。某大学新生入学的时候,大家彼此还不熟悉,但谁也不好意思先开口,宿舍中气氛十分压抑。这时一个人随手从包里拿出一本《哈利·波特》看了起来,小王也很喜欢这本书,问他:"你的《哈利·波特》看到第几集了?"那个人说:"看到第四集了,还没有来得及买下一集呢,这书太贵了。"小王说:"我也特别爱看这个,买了全套在家里,原来我们都是哈迷啊!天下哈迷一家亲,到时候

借给你看吧！"那同学高兴地说："那太好了，谢谢你！"于是两个人围绕着《哈利·波特》聊了起来，开始时压抑的气氛一扫而空，两个人很快成了好朋友。

其实可供寻找的共同点有很多，譬如共同的生活环境，共同的工作任务，共同的行路方向，共同的生活习惯等等，只要仔细发现，陌生人无话可讲的局面是不难打破的。陌生人相见如故并不是不可能的。

一分钟口才训练

寻找共同点的方法

1.察颜观色，从外表发现共同点。

一个人的心理状态、精神追求、生活爱好等等，都或多或少地会在他们的表情、服饰、谈吐、举止等方面有所表现，只要善于观察，就会发现双方的共同点。

2.提问试探，"侦察"共同点。

两个陌生人刚一见面，通过提问进行"火力侦察"，共同点很快就会暴露出来。

3.揣摩谈话，探索共同点。

为了找到陌生人跟自己的共同点，可以在需要交际的人同别人谈话时留心分析、揣摩，也可以在对方和自己交谈时揣摩对方的话语，从中发现共同点。

4.听人介绍，留心寻找共同点。

去朋友家串门，遇到有生人在座，主人出面为双方介绍时，细心人马上就可发现对方与自己的共同之处。

5.步步深入，继续挖掘共同点。

发现共同点是不太难的，但这只能满足谈话的初级阶段的需要。随着交谈内容的深入，双方的共同点会越来越多。为了使交谈更顺利地进行，必须一步步地挖掘深一层的共同点，才能如愿以偿。

7. 为对方提供一些他需要的信息

我们的销售代表耳聪目明，不断打听出顾客的新需要，把消息传给研究人员。因此，研究人员可以满足顾客的需求，又能提供新产品或新事业。

——李维士·李尔

如果我们了解谈话对象的经历和喜好，主动提供其所需要的信息，就很容易赢得对方的好感，使是双方的谈话顺畅。

在推销产品和商业谈判的时候，我们可以为对方提供一些他需要的信息，但不是全部，以吊起对方的胃口，把推销和谈判更深入地进行下去，从而达到自己的预期目标。

如果我们提供的信息过量，反而会有不利后果。比如在一次公司的面试中，主考官问面试者："你以前工作的时候月收入一般为多少？"面试者回答："一般为5000元左右，这是真的，因为北京的消费水平比较高，同时我自己的销售业绩也做得很好，公司的整体行业前景都很不错。"不管面试者说的是不是"真的"，都有可能给人留下说谎的印象。因为面试者给出了面试官不需要的一些信息，反复强调5000元月收入的真实性，结果反而降低了可信度。给予的信息过量所以成为谎言的破绽，是因为它是一种反常的表达方式。产生信息过量的失误是因为经验不足、矫揉造作，老想着把谎言编得更圆满。明智的人都清楚这个道理，因此，在与人交往时，为了消除陌生感，我们可以为对方提供一些他需要的信息，但切记，信息不要过量，否则对方只会因怀疑你编造谎言而疏远你，消除陌生感便无从谈起了。

一分钟口才训练

提供信息的注意事项

1.信息一定要准确、可靠。对信息任意加工，随意引申，或者把道听途说、支离破碎的信息拿来拼凑的做法，是不可取的。

2.提供信息要用语准确、简洁、明白，让人易于理解接受。

3.给别人提供信息时，应注意避免语调生硬、语速太快的习惯，并注意保持微笑，这样对方会更容易接受。

4.直接而生硬地提供某些信息常常会造成尴尬的局面，而如果我们以不经意的语气将信息传达出来，常能收到更好的效果。

5.提供信息时，还要注意不要让人觉得你是别有用心，同时不能侵害他人的利益。

一分钟拉近人心
——口才训练6大法则

1. 主动打招呼，给对方留个好印象

礼貌经常可以替代最高贵的情感。

——梅里美

当我们漫步在街头或者乘坐公交车时，经常会碰到一些不太熟的人，这时我们往往会犹豫，该不该打招呼呢？在犹豫的空档，我们往往就会错过了打招呼的机会，或者立刻改变了自己的前进路线，故意不打招呼就溜走了。其实主动与人打招呼，只费一点口舌，却会使别人改变对你的印象，认为你是一个随和、开朗、心胸宽广的人。这有利于你良好人际关系的形成。

要切记，如果认识对方，就一定要主动上前打招呼。有句话说得好："人脉带来商机。"只有平时主动和他人寒暄，热衷于和他人交流，才能扩大人脉，得到商机。

打招呼时，先下手为强。首先开口打招呼的人，就能牢牢地把握住谈话的主动权。不管对方地位有多高，岁数有多大，你主动向他们打招呼，都能在他们心理上施加一定的压力，有可能使他们跟着你的节奏进行谈话。某项心理学实验表明，如果让一些人组成小组进行讨论，首先发言的人很自然就会成为会议主角。就像我们小时候上学到了一个新班级，老师往往都会让同学们自我介绍，谁先举手发言就有可能成为这个班的班长或者其他班干部。

善于打招呼以及和他人寒暄的人容易得到别人的青睐。就我们自身而言，如果别人主动和我们打招呼，我们的自尊心就会立刻得到满足。

我们会感觉得到了别人的承认，会非常快乐。

所以，我们在遇见认识的人时，无论熟与不熟，都一定要主动打招呼，显示出我们的热情和耐心，同时消除双方的陌生感。

> **一分钟口才训练**
>
> ### 打招呼常见的三种方式
>
> 1.攀认式：赤壁之战中，鲁肃见诸葛亮的第一句话就是"我，子瑜（诸葛亮的哥哥）友也"，从此定下了两人之间非同一般的交情。任何人只要彼此留意，就不难发现双方有着这样或那样的"亲"、"友"关系。
>
> 2.敬慕式：对初次见面者表示敬重、仰慕，这是热情有礼的表现。用这种方式必须注意掌握分寸，要恰到好处，不能胡乱吹捧，表示敬意的内容也应该因时因地而异。
>
> 3.问候式："您好"是向对方问候致意的常用语。如能因对象、时间的不同而使用不同的问候语，效果则更好。对德高望重的长者适宜说"您老人家好"，以示敬意；对年龄相仿者，称"老X（姓），您好"，显得亲切；对方是医生或者教师，就说"胡医师，您好"、"李老师，您好"，有尊重的意味。节日期间，说"节日好"、"新年好"，给人以祝贺节日之感；早晨说"您早"、"早上好"则比"您好"更具体。

2.记住对方的名字，让他感觉自己很重要

> 不尊重别人的自尊心，就好像一颗经不住阳光的宝石。
>
> ——诺贝尔

许多成功人士的经验告诉我们，记住别人名字的多少与交往范围的大小和事业的成败成正比。一个政治家，记住幕僚的名字可以博得拥戴；一个管理者，记住属下的名字就能指挥自如；一个教师，记住学生的名字可以赢得威信；任何一个人，记住他所结识的人的名字，都会受到对方的喜爱。这是因为人都希望得到别人的尊重，而记住他的名字，是尊重他的最简单的表示。

有个工地的工头晚上点名时把一个工人的姓名叫错了。这个工人感到自己在工地生活一年多了，工作没少干，工头竟然连自己的姓名都记不住，心里窝火，就站起来纠正工头的错误。这事看起来不大，但却发人深省。作为工头，能准确地叫出每个工人的姓名，就会使工人感受到领导对自己的尊重和关心，在心理上产生愉悦感和满足感，从心底里对领导产生好感和尊重。否则，工人就会产生出一种被漠视的心理，产生失落感。这不仅会淡化工人对领导的情感，还会产生误解，影响团队关系，影响工作。

因此，我们在与人交往的过程中，应记住对方的名字，并主动将他的名字叫出来，这样对方就会对我们产生好感，双方之间的距离就拉近了。

一分钟口才训练

牢记别人名字的招数

1.如果对方说自己的名字时，你听得不太清楚，应该马上请对方重复一遍。

2.如果听得还是不太清楚，不仅要请对方重复，还要请对方告诉你具体应该怎样写。

3.心中暗自重复对方的名字，约10次左右，也可根据实际情况而定。

4.立刻使用对方的名字称呼对方，直到你完全熟悉了这个名字可以脱口而出为止。

5.还可以通过联想的方式来记忆对方的名字，你可以用这种方法使希望记住的名字毫不费力地出现在脑海里。

3. 多说让人感受到关心的话

所谓关心，就是对别人的体贴之心。体贴不是煞有介事的，而是细微的，不露声色的。

——铃木健二

通过语言表现出自己关心对方，这必然会赢得对方的好感。记住对方说过的话，事后再提出来当话题，也是表示关心的做法之一。尤其是兴趣、嗜好、梦想等，对对方来说，是最重要、最有趣的事情，一旦提出来做话题，对方一定觉得非常愉快。

最需要掌握走进他人心灵说话艺术的人，非教师和孩子的家长莫属了，如果一个老师被自己的学生或一个家长被自己的孩子排斥在心灵之外，那他对学生或孩子的教育以及影响的效果也就值得怀疑了。成功学家拿破仑·希尔在回忆自己的童年时讲了这样一段故事：父亲一直忙着工作，母亲被病痛折磨，都没有管束顽皮的孩子，结果孩子成了镇上人人讨厌的捣蛋鬼。母亲病故后，父亲娶了曾当过小学教师的玛莎。当时希尔十多岁了，父亲当着玛莎的面指责他是一个不可救药的孩子。谁知玛莎却摸着小希尔的头非常关切地说："亲爱的小希尔，其实全镇的人还有你的父亲都误解了你，他们并不知道，你其实是全镇最聪明、最活跃、生命力最旺盛的孩子，我做教师的时候就最喜欢这样的孩子了，因为只有这样的孩子将来才会有出息。"听了这话，希尔很受感动，很快和玛莎成了最好的朋友。正是由于玛莎的激励，一个不可救药的"坏孩子"才成了一个世界著名的成功学家。

关心别人其实往往从一些小事上开始，把别人的事多放在自己心上，并在恰当的时机说出口,不能总是对微不足道的小事情漠不关心。罗斯福总统就是一个非常好的榜样。有一次,一位黑仆的妻子问罗斯福鹌鹑是一种什么鸟,总统于是给她讲有关鹌鹑的知识。没过多久,总统又给仆人打电话,告诉仆人的妻子刚好有鹌鹑在窗外,让她赶快站在窗户边看看。关心他人还应该经常注意他的兴趣爱好。只要你看到与某人的特殊兴趣有关的文章,都可以剪下来或者复印一份,找合适的机会送给有关的人,告诉他这是你特别为他留心的。这是与人保持交往的一种极好的方式,而不要仅在你需要获得某种关心时才打电话给别人。在人际交往中,不管我们遇到的是亲人还是朋友,不管是熟人还是陌生人,也不管是同事还是领导,只有多说让他人感受到关心的话,走进他人的心灵里,我们才能收获到自己渴望得到的果实;办事或相处,也才能收到预期的效果。

一分钟口才训练

表达关心的话常挂嘴边

1. "你今天好像变漂亮了!"
2. "你有什么需要帮助的吗?"
3. "你的头发刚烫过了吧!"
4. "你是不是快要过生日了?"
5. "你的成绩最近不太好,要加油了啊!"
6. "你不要老是一个人闷着,有什么事情说出来就开心了。"

4.承认别人比你强，把优越感让给他

如果你要得到仇人，就表现得比你的朋友优越吧；如果你要得到朋友，就让你的朋友表现得比你优越。
　　　　　　　　　　　　　　　　　　　　　　——罗西法古

每个人都渴望得到别人的肯定，都在不自觉地维护着自己的形象和尊严，一旦他的谈话对象老是显示出高人一等的优越感，那无形之中就对他的自尊和自信形成了一种轻视与挑战，排斥心理乃至敌意也就不自觉地产生了。

人与人之间是平等互惠的，常言道"投之以桃，报之以李"。那些谦让而豁达的人总能赢得更多的朋友，而那些妄自尊大的人总是会引得别人反感，最终在交往中孤立无援。在别人面前，与其滔滔雄辩，不如微笑倾听。承认别人比自己强，把优越感让给对方，让别人表现得比自己更优越，这样总能收到事半功倍的效果。

《圣经·新约·马太福音》说："你希望别人怎样对待你，你就应该怎样对待别人。"我们必须学会谦虚，这样，我们才能永远受到欢迎。

一分钟口才训练

怎样把优越感让给对方

1.最好在谈话一开始就摆出谦虚的姿态，因为第一印象非常重要。

2.充分了解对方的同时，对自己也要有一个客观的评估，才能避免弄巧成拙。

3.在谈话中多提对方引以为豪之处，尽量谈论对方的强项，引起对方的遐想。

4.用幽默的语言展现自己的弱点，诙谐地表现自己的不足之处，以便让别人有优越感。

5.态度要诚恳，否则会给人一种虚情假意的印象，被人看成居心不良。

6.需要注意的是，表现谦虚的关键是要恰如其分，不能因为一味示弱最终变成了卑躬屈膝。

5. 坚持在背后只说人好话

> 衡量朋友的真正标准是行为而不是言语；那些表面上说尽好话的人实际上离这个标准正远。
> ——华盛顿

当面说和背后说是不同的，效果也会不一样。在背后说别人的好话，能极大地表现你的"胸怀"和"诚实"，有事半功倍的效果。多在第三人面前赞美他人，被赞美的人必然认为那是认真的赞美，毫不虚伪，于是真诚地接受，对你感激不尽。

中国古代的四大名著之一的《红楼梦》中写到，一次史湘云和贾宝玉聊天，史湘云劝说贾宝玉做官，贾宝玉反感地说："林姑娘从来说过这些混账话不曾？若她也说过这些混账话，我早和她生分了。"赶巧林黛玉就在窗户外面，听到了这段夸奖，"不觉又惊又喜，又悲又叹"。林黛玉觉得贾宝玉在别人面前赞美自己，肯定想不到自己能听见，这种好话必然是真心的，而且很难得。于是不久两个人互诉肺腑，感情增进很快，最终发展成一段可歌可泣的爱情。其实如果贾宝玉当着林黛玉的面称赞，则肯定会引起林黛玉的猜疑，得不到想要的结果。所以背后说别人的好话，远远比当面恭维别人效果要好得多。

在日常生活中，背着他人赞美往往比当面赞美更让人觉得可信。在崇尚"含蓄"的东方，当面赞扬往往收不到我们想要的效果。若直接赞美的力度不足，则会使对方感到不满足、不过瘾，甚至不服气，而过了头又会变成恭维，而用背后赞美的方法则可以缓和这些矛盾。因此，有时当面赞扬不如通过第三者间接赞扬的效果好。公司新调来的小陈工作能力强，在几次对外商务谈判中立下汗马功劳，很快提升成办公室主任。任副主任的"元老级"主管老赵对此颇有微词,几次不平地说道:"我在公司的时候,这小子还穿开裆裤呢!不过靠耍嘴皮子的功劳,怎么能爬到我的头上?"而小陈听说之后,不仅不计较,反而经常在别人面前赞美老赵,说老赵经验丰富,自己应当向他学习。次数多了,小陈的赞美渐渐传到老赵耳中,老赵非常感动,亲自向小陈赔礼道歉,二人冰释前嫌。可见,间接赞美对于化解矛盾、协调人际关系都大有好处。

世上背后道人闲话的人不少,大家都很清楚,被说之人一旦知道便会火冒三丈,轻则与闲话者绝交,重则找闲话者当面算账。因此,人们都以此为戒,不犯背后说他人闲话的忌讳。但是,背后说人优点,却有佳效。那么,我们要想让对方感到愉悦,就更应该采取这种在背后说人好话、赞扬别人的策略。

一分钟口才训练

背后说好话的几个小实例

1.当上司不在场的时候,在同事面前可以多说上司的好话,譬如可以说上司办事公平,对自己的帮助很大,而且从来不抢功,经常关照自己。这些话早晚会传到上司耳朵里,那时他就会对你更加信任,而且会及早提拔你。

2.当你面对媒体时,适当地赞美你的同行,这是一种风度,也是一种艺术。一次,媒体记者采访张艺谋,让他对同班同学另一位名导演陈凯歌做个评价,张艺谋说:"凯歌是个很出色的导演,我跟凯歌的特点在于:我们都保持自己的个性。这个个性你可以不喜欢,不欣赏,但凯歌从不妥协,他保持他的个性。而中国这样的导演很少。不能因为凯歌的作品没有得奖,就说这说那的,我觉得这是一种短视。"

3.经常在朋友间传递:"某某朋友经常对我说,你是位很了不起的人!"这就表明你经常在别人背后传递别人的好话,也经常听到别人背后的赞扬,这样做会使你的朋友越来越多。

4.对某人的朋友说:"你的那个朋友是我崇拜的人。"对方听到你这么赞扬别人,就会相信你在他不在场的时候也一定会说他的好话,自然也就非常乐意把你的好话传给他的朋友。

6.他人受到冷落时，热情地与他交谈

> 对于青年期中的年轻人应以豁达的热情去激励，而且应使他们以此种热情去建设自己的生活和事业。
>
> ——罗素

世界上每一个正常人都需要讲话、需要交流，我们从事的所有工作都需要和别人打交道。而人与人之间交流思想、沟通感情，最直接、最方便的途径就是语言。热情的语言可以使相互熟识的人情更浓、爱更深；可以使陌生的人产生好感、结下友谊；可以使相互有分歧的人互相理解，使矛盾化为乌有。在工作和事业上，敢于说话又善于说话的人，会充分利用自己的语言交际能力来征服他人，注意并且接近那些被冷落的人，通过热情的交谈，鼓励他们恢复自信心，不仅可以赢得对方的感激，还能赢得友谊。

1935年6月，中央红军与红四方面军在懋功会师。中央请远在茂县的张国焘赶来懋功商定会师后全军的行动计划。毛泽东一行为了同张国焘会面，24日就到了两河口，并且在一块草坪上搭起了一个欢迎会场。由于天气的原因，张国焘姗姗来迟，欢迎张国焘的宴会在喇嘛庙举行。一向都缺乏幽默感的张国焘感到很是"无聊"。他其实非常希望大家都提起红四方面军的话题，好有机会向大家宣扬自己的丰功伟绩，可是这个话题偏偏始终都没有人提及。这使得张国焘觉得受到冷落，心中闷闷不乐。周恩来看出张国焘的心思，晚宴后亲自把他送到住处，与他谈论有关军事方面的话题。周恩来告辞后，又特意安排懂军事的朱德来看望

张国焘。据张国焘回忆,他们谈了整整一个通宵,就当时的军事问题进行了深入的交流。朱德从周恩来那里知道张国焘自觉受到冷落,就对张国焘推心置腹地介绍了整个红军的形势。当年过草地的时候红四方面军跟红一方面军有一些矛盾,但是通过这些热情深入的谈话,张国焘可能与中央产生的矛盾就被提前化解了。

一分钟口才训练

最需要热情交谈的几种情况

1.在朋友聚会上,如果其中一个人受到冷落时,你应该主动寻找合适的话题去跟他热情地交谈。

2.看到一个小孩被一帮小朋友拒绝一起玩耍而独自对着墙发呆的时候,你一定要上前与他交谈。

3.当一群客人一起来住酒店,唯独其中一个人半天没有人接待的时候,其他工作人员应该热情地跟他先聊一会,以化解其因等待形成的不满。

他人受到冷落时与他热情交谈的技巧

1.他人受到冷落时,你要不露声色地去解围,热情地与他交谈,但不能伤害他的自尊心。

2.他人受到冷落时,先不要硬是把他拖到谈话正迸射火星的人群中,这样也会伤害他的自尊。你应该缓缓地接近他,找些他感兴趣的话题和他热情地交谈。

一分钟得到认可

——口才训练7大要点

1. 从共同的观点入手

人生是共同使用的葡萄园，一起栽培，一起收获。

——罗曼·罗兰

当他人对某一事物表露出一种情感倾向时，我们可以对他所说的事表达同样的感受，甚至可以激烈些，从这些共同的观点入手，就可以赢得对方的认可。

前美国参议员乔治就很善于使用这种方法。欧战结束后不久，乔治议员和哈佛大学校长罗威尔应邀赴波士顿辩论有关国际联盟的问题。乔治议员是反对国际联盟的，但是当时的大多数人都很支持国际联盟。为了能够说服人们，乔治一上来没有慷慨陈词批评那些信任国联的人，而是提出了他和听众之间的共同观点。他讲述了关于美国的幸福和世界的和平等众多问题，在这些观点上他都是跟听众意见一致的，他甚至承认自己也赞同有国际联盟那种组织。他说道："一直有人误解我的意思，还有些高尚的人士根本没有注意到我话中的意思，遂产生彼此的误会——竟说我是反对任何国际联盟组织的人。其实我从来都不反对，我甚至渴望世界上所有的自由国家，联合成为我们所谓的联盟，而并非是法国人所谓的协会。我们应该联合各国的力量，尽一切努力去获得世界和平，并促使裁减军备的计划早日实现。"乔治的观点立刻得到了大多数听众的认可。因为他在开头首先摆出了他们之间的共同点，这样就使观众能心平气和地听下去，并一步步意识到他的立场是公正的，从而能够接受这种观点了。

在演讲中，若一开头就摆出"唯我正确"的架势，针对听众的不同看法，进行批判式的训话，效果总是不好的。著名的心理学家鲁宾孙教授有一段话说得很好。他说，在日常生活中，原本自己的一些观点、意见改变并接受新的观点、意见的这个过程，是不知不觉的，是心中没有感到任何压力或伤感的。但现在突然有人指出，你的看法是错误的，于是自己在心理上，就会对这种责备产生反感，就不会轻易变更自己的想法，而是会不由自主地去顽强地捍卫它。这不是由于意见值得我们捍卫，而是由于我们的尊严受到伤害。因此，在交谈和演讲时，只有从共同的观点入手才能得到对方的认可。

一分钟口才训练

从共同的观点入手收到预想的效果

1.人们一般不愿改变自己的观点，只有从共同的观点入手才能达到好的效果。

2.对于即席讲话来说，这是针对性很强的说话形式，所以，说话时一定要考虑到听众的心理需要，了解听众的特点，说出与听众共同的观点，这样才能使讲话受到欢迎，才能使听众易于理解并肯于接受讲话人的观点。

3.有些人在初识者面前感到拘谨难堪，这只是因为没有找到共同感兴趣的话题而已。其实只要双方留意、试探，就不难发现彼此有对某一问题的相同观点，就可以从此入手展开更广泛的话题。

2. 采用肯定式表达

> 不断的肯定会形成信念,一旦信念成为深深的信仰,事情就开始发生了。
> ——克劳德·布里斯托

如果你想提高说话能力,语言中就不要有任何的被动形式,而一定要使用肯定形式。采用肯定句式来表达,可以让你的话充满说服力,从而得到更多人的认可。运用肯定或否定的措词,可将同一件事,描述成有天壤之别的两种状态。可见,措词具有怎样强大的力量。在任何情况之下,只要使用有价值的措词或叙述法,就可以令事情得到改观,也能驱除自卑感,获得更多的认同。

营销人员的最大武器就是语言技巧。当然，投影仪、手机、数码相机、计算器等小道具也必不可少。但是如果语言技巧不好的话，一切都无从谈起。不论写了一个多么完美的策划书，如果报告人笨口拙舌地说："嗯，那个……"这个策划书肯定通不过。不只是营销，在其他方面也一样，具有娴熟语言技巧的人才更容易成功。因为这样的人容易得到上司的认可。从技巧的角度看，语言上最重要的原则就是"不要有任何的被动形式"，这也是来自心理学的建议。所谓被动形式就是"被……"、"让……"这样的表达方式。例如"这个键要是被按下的话，内容就被删除了"、"这种样本被70％的年轻人所喜欢"，这种语言表达方式就是被动形式。如果把这两句话换为主动形式的话，就应该是"如果您想删除内容的话，请按这个键"、"70％的年轻人喜欢这个样本"。根据语言心理学已经证明了的规律，使用被动形式会降低说服力，一般很难得到别人的认可。肯定形式和被动形式也许看起来只有一点差别，但是它们对听众心理产生的影响的差别却是巨大的。被动形式会给听众一种缺乏积极性的印象。"被动"这个词本身就具有消极意义。如果别人说你"性格很被动"，你一定要明白这可不是什么表扬的话。如果你在谈话中老是用被动形式的话，就很容易给对方留下说话拐弯抹角、没有自信、性格很软弱的印象，当然就很难得到对方的认同。

一个人语言上的毛病很难改，因为它存在于我们的潜意识中。因此，大家应该找机会把自己说的话录下来，然后再认真分析一下。即使你觉得自己说的话没什么问题，也请试一次。你肯定会为自己说话时竟然使用了那么多的被动形式而大吃一惊。如果你想使自己的语言更有力，只要去掉被动形式，采用肯定式表达即可。这样既能展现出你是一个非常积极的人，又能让你的话充满说服力，得到大家的认可。

一分钟口才训练

促销采用肯定式好处多

1.肯定的回答会使顾客对商品产生兴趣。例如：当顾客问到某种洗发产品时，如促销员回答"没有"，顾客会掉头就走；若促销员回答："目前只有飘柔和力士，但这两种的效果和外观很不错，您可以试一试。"这种肯定的回答可能会产生销售机会。

2.肯定句式更有力度。如否定式"没有某种产品"与肯定式"现在只有某种产品"两者相比较，肯定句的力度明显要比否定句的力度大。

3.肯定的语气、坚定的态度，是广告中必要的因素，是对产品的自信，可以使促销的产品得到认可。

3.用词简练，把事情表达得清晰有条理

> 简洁是智慧的灵魂，冗长是肤浅的藻饰。　　——莎士比亚

在人际交往中，不同的说话风格会产生不同的效果。不过，一条大的规则是固定的，那就是说话要简洁、精练，条理要清晰并尽可能地传达更多的有用信息。如果空话连篇，言之无物，不仅有损于自身的形象，还会引起听众反感。特别是在说明一个复杂的问题时，就更需要将话安排得脉络清晰。要做到这一点，就要求说话者对所讲的内容有清楚的认识，并抓住自己要讲内容的主线，紧紧围绕主线，安排好主次关系，注意前后衔接、首尾照应，这样才能让我们的语言条理清晰、简洁流畅。

"言不在多，达意则灵"，讲话简练有力，能使人兴味不减；冗词赘语，唠唠叨叨，不得要领，必令人生厌。一个礼拜天，一位慈善家正在教堂里用令人哀伤的语言讲述非洲灾民的苦难生活。当慈善家讲了5分钟后，一个富翁马上决定对这件有意义的事情捐助50元，当慈善家讲了10分钟后，他就决定将捐款减至25元，当慈善家继续滔滔不绝讲了半小时之后，富翁又决定减到5元，慈善家又讲了一小时后，拿起钵子向大家请求捐助，当他在从富翁面前走过的时候，富翁却反而从钵子里偷走了2元钱。那位慈善家原本只需5分钟讲完的话，却被他滔滔不绝，拉长到90分钟，致使他的说话效果一落千丈，说话风格令人生厌，这怎能不引起听者的反感呢。

1984年7月17日，37岁的法国新总理洛朗·法比尤斯发表的就职演说短得出奇，演讲词只有两句："新政府的任务是国家现代化，团结法

国人民。为此要求大家保持平静和表现出决心。谢谢大家!"这次演讲措辞委婉,内容精辟,当时报纸评论说:"这篇短小精悍的演说是无价之宝,感情深厚,思想集中,措辞精练,字字句句都很朴实、优雅,行文完美无疵,完全出乎人们的意料。"简洁精练的话语,无论在什么场合,都是十分受人欢迎的。因为简洁精练会使人说话的形象和风格更显得干净利落,听众既从中得到了有效信息,又没有为此浪费过多的时间。

一分钟口才训练

克服说话杂乱无章的方法

1.讲话一定要有中心。作为一个高明的讲话者,应时刻把中心记在脑子里,不管怎样插话、补充,不管转了多少个话题,都不偏离讲话的中心。

2.说话要言之有序。说话前要认真考虑清楚,要按照一定的顺序来讲。安排顺序的原则,以听者是否方便为准。

3.说话要有头尾,要懂得尊重听者。

4.长篇大论要多做些归纳。

说话前做个提纲

1.要集中。你准备说什么,即说话的主旨要明确。这一主旨便是左右说话内容的总的观点或总的主张。

2.要简洁。要避免由于句子过长或层次过于复杂,而减弱了话语的力度。

3.要连贯。开场白、中心和收尾各要说些什么内容,相互之间该如何过渡,开场白与收尾如何呼应,都应该做到主次分明、详略得当、前后连贯。

4.要适度。这就要求在列提纲时要考虑到,要说的话从主客观上、内容和形式上、身份和情感上、目的和对象上是否合适。

4. 言语柔和，但有力度

柔和的态度对于一颗被人轻蔑的心的确是很大的安慰。

——罗曼·罗兰

俗话说："一句话能把人说笑，也能把人说跳。"一般情况下，能把人说"笑"的语言，通常是柔和甜美的。古往今来，和气待人、和颜悦色都被视为一种美德。柔言谈吐是值得提倡的一种交际方式。柔言谈吐表现为语气亲切，语调柔和，语言含蓄，措辞委婉，说理自然。这种说话方式会使对方感到亲切和愉悦，所谈之言也易于入耳生效，有较强的征服力，往往能得到别人的认可，收到以柔克刚的交际效果。

柔言谈吐的表达方式是谦和的。一家瓷器店的营业员遇到一位十分挑剔的女顾客，她拿了好几套瓷器，挑了半个钟头还没选好，营业员因顾客太多不得不照应别的顾客。这位女顾客觉得自己受到了冷落，就沉下脸来，大声指责说："你这是什么服务态度，没看见我先来的吗？快让我先买，我还有急事。"这话真够刺耳的，如果和她较真儿，双方势必会吵得不可开交。然而，营业员没有这样，他安排好其他顾客后说："请您原谅，我们店生意忙，对您服务不周到，让您久等了。"营业员真诚的态度和谦和的话语，让那位女顾客的脸一下子红了，她转而难为情地说："我说得不好听，也请你原谅。"有理不在声高，并非说话有棱有角、咄咄逼人才有分量。这种谦让的表达充满了尊重、宽容和理解，本身就产生了一种感化力，从而引起对方的心理变化。火气遇上和气，就失掉了发泄的对象，自然就会降温熄灭。

中国有句成语叫做"柔能克刚",其实柔言谈吐的表达方式虽然是委婉的,但是其力度常常会出乎我们的意料。当你希望让和你意见不和的人接受你的观点时,讥讽嘲笑、横加指责往往会让对方越来越反感,而委婉地表达自己的坚定立场,常会取得意想不到的沟通效果,进而得到对方的认可。

一分钟口才训练

柔和的语言也要得当

1.要加强个人的思想修养和性格锻炼。我们知道,语言美是心灵美的具体表现。一个心灵丑恶的人,语言绝不会美,有善心才有善言。

2.柔言谈吐,在选词用句和语调、语气上还有一些特殊的要求。比如,应注意使用谦词、敬词、礼貌用语,表示尊重对方的观点和感情,以引起对方的好感,尤其要避免使用粗鲁、污秽的词语。

3.柔和不是软弱。很多人以为,柔和就是一味忍让,其实这是非常错误的想法。柔和是在任何时候都保持风度和修养,在坚持自己基本原则的前提下,用温和的、大家容易接受的语言表达自己的观点。

4.柔和的目的是为了解决矛盾。柔和不是示弱,它的最终目标是解决我们面临的问题,所以,在运用柔和语言的同时,一定要保证我们的说理是有力的。

5. 在众人面前决不发牢骚

最爱发牢骚的人就是没有能力反抗，不会或不愿工作的人。

——高尔基

发牢骚往往是一些怀才不遇的人经常做的事情，而这种牢骚如果只是自己找个没人的地方放开了说说也许有利于放松情绪，并无大碍，但是如果当着众人的面发牢骚就要坏大事了。

很多人都读过中唐诗人孟浩然创作的《岁暮归南山》，对其中"不才明主弃，多病故人疏"两句话深有感触。可是很少有人知道，就是这两句牢骚话，葬送了孟浩然的前程。孟浩然曾经被他的诗友王维私下请去闲谈，正巧遇到玄宗皇帝。王维借机向皇帝推荐孟浩然。玄宗听说是孟浩然，就说："这位诗人，我已听人讲起过，只是还没有见过他。"王维当下就叫孟浩然出来，并让他吟几首旧诗给玄宗听听。孟浩然诚惶诚恐之际，就吟了这首《岁暮归南山》。没想到玄宗听到诗中"不才明主弃，多病故人疏"两句的时候，很不高兴，说："你自己不主动寻找做官的机会，而我也没有弃你，怎么就诬赖我，说我弃你呢？"于是命孟浩然仍回故里，不肯提拔他。

其实孟浩然本来遇到了一个非常难得的机会，如果自我推荐得好的话，就可能博得玄宗的赏识，得到重用。结果他因为吟了这样一首发牢骚的诗，惹得龙颜不悦，前程尽毁。这首诗包含了有才不被人知、千里马不逢伯乐的感慨，同时也影射皇上不是"明主"，牢骚怨愤之情溢于言表，把自己的种种不幸全都归结到皇上头上。而唐玄宗久闻孟浩然诗名，本希望能听到几首好诗，挖掘一个人才，没想到听到的却是孟浩然的埋怨，还怎么能提拔他呢？

　　孟浩然所处的是压抑人才的封建社会，他所面对的是封建最高统治者。今天，虽然社会发生了天翻地覆的变化，但孟浩然自荐失败之事仍有借鉴意义。在今天人才辈出的年代里，如果你有才能、有抱负，但只是"养在深闺人未识"，不被社会所赏识、重用，也是人生之一大不幸。因此要善于推销自己、表现自己，才能英雄有用武之地，实现自我的价值。这对当代人，特别是青年人来说，是个非常现实的问题。想要得到别人的赏识和认可，首先一定要避免在众人面前发牢骚。

一分钟口才训练

抱怨也要讲原则

　　1.不要见人就抱怨。

　　只对有办法解决问题的人抱怨，是最重要的原则。向毫无裁定权的人抱怨，只有一个作用，就是发泄情绪，而这只能使更多人对你感到厌烦。

　　2.控制你的情绪。

　　如果你怒气冲冲地找上司表示你对他的安排或做法不满，很可能会把他也给惹火了。所以即使感到不公、不满、委屈，也应当尽量先使自己心平气和下来再说。

　　3.注意抱怨的场合。

　　美国的罗宾森教授曾说："人有时会很自然地改变自己的看法，但是如果有人当众说他错了，他会恼火，更加固执己见，甚至会全心全意地去维护自己的看法。"抱怨时，要尽量在非正式场合，尽量与上司和同事私下交谈，这样做不仅能给自己留有回旋余地，即使提出的意见出现失误，也不会有损自己在公众心目中的形象，还有利于维护上司和同事的尊严，不至于使他们陷入被动和难堪的局面。

4.选择好抱怨的时机。

当上司和同事正烦时，你去找他抱怨，岂不是给他烦中添烦、火上浇油吗？即使你的抱怨很正当很合理，别人也会对你反感、排斥。

6. 不要告诉人家你更聪明

在同伴面前，切不可显得你比别人聪明博学。

——切斯特菲尔德

我们知道，大凡恃才傲物的人都有如下的特点：把自己看得很了不起，好像别人都不如他，从不知"谦逊"为何物，做事也我行我素，对别人的建议不屑一顾。而这种人如此"自恋"的下场，常常是聪明反被聪明误，得不到好的结果。

三国时的杨修，才华横溢，思维敏捷。有一次，曹操建造一园，造成后，曹操去看时，没有发表任何意见，只挥笔在门上写了一个大大的"活"字。众人不解，只有杨修说："门里添个'活'字，就是'阔'了，丞相嫌这园门太阔了。"众人这才恍然大悟。工匠赶紧翻修，将园门改窄，曹操心里非常高兴。但是当他得知是杨修把他的意思"翻译"出来时，他嘴上不说，心里却已经开始妒忌杨修了。又有一次，塞北送给曹操一盒酥饼，曹操在盒上写了"一合酥"三字便将饼盒放在一边。杨修看见后，竟招呼众人把这一盒酥分吃了。曹操知道后便问为何这样，杨修回答说："丞相明明写着'一人一口酥'，我们怎敢违抗您的命令？"曹操没有说什么，但心中更加妒忌杨修了。后来他便找了个机会砍了杨修的头。

自古以来，我国就有"人外有人"之说。你的同事和领导很有可能在很多方面有值得你学习的地方。古语说，"木秀于林，风必摧之"，过分炫耀才华，虽然能够展现个性，可是不利于融入集体和职场中。如果你总好表现，总好卖弄，"语不惊人死不休"，迟早会造成"直木先伐，甘井先竭"的后果。

总之，不要自以为比别人高明，凡事都想占上风。大智若愚是明人，锋芒外露惹祸根。如果你还有一点头脑的话，千万记住，说话时不要在别人面前逞能，告诉别人你比他聪明，因为没有人喜欢比自己更聪明的人。

一分钟口才训练

避免说出如下的话

1. "这件事我早就料到了，早该……"
2. "我就知道行不通，告诉你吧，应该……"
3. "这有什么困难的？很容易的事情嘛！我来告诉你……"
4. "这点小事情都无法解决？如果是我肯定能办得很好！"
5. "你怎么能这么做呢，如果是我就换一种方法，肯定能成功。"
6. "我说过结果会这样吧。你们都不行，遭报应了吧。"
7. "你们都错了吧，就只有我的结论才是正确的！"
8. "不要听别人的，都听我的准没错。"

7. 用语言让上司发现你的业绩

语言是上天赐予人类表达思想的工具。

——莫里哀

现代社会中，我们提倡在勤勤恳恳工作的同时，学会正确恰当地表达自己的功绩，这并不是盲目邀功，而是在工作中与上级领导建立良性的互动。所谓"酒香也怕巷子深"，如果我们能够在一点一滴中让上级领导感受到我们工作的努力，我们就能获得上司的赏识，得到更多的机会，获得更大的发展空间。树立正确的沟通理念，学会使用沟通技巧，在任何情况下和上司有效地沟通，时时刻刻让领导感受到你的工作态度、发现你的工作业绩，是我们通往成功的第一步。

如何向领导表达我们的功劳呢？最重要的有两点，一是要旁敲侧击，一是要客观真实。

向领导表明自己的功劳的时候，我们无须片面追求词藻的华丽，最重要的是要真诚地表达出自己的观点，须知让对方感受不到你的诚意的语言是无法打动人心的。一般而言，直截了当地声明某项业绩是你的功劳容易引起别人的反感，这个时候旁敲侧击往往能够起到意想不到的效果。例如，外面下着很大的雨，你接受了上级的任务，去外面给一个客户送资料。回到公司之后，如果你直接和上级说："虽然下大雨，我还是去做工作了，我对工作这么上心，领导是不是应当给些鼓励？"也许不会起到什么效果，碰到小心眼的上级说不定还会认为你夸大其词邀功请赏。不过如果你告诉你的上司："雨很大，不过请领导放心，我把材料抱在怀里，材料一点也没淋湿。"其实也是在说明自己冒雨工作，但是这种迂回的方法能够让领导感受到你的责任心和工作态度，而且他也不会觉得你在刻意表现自己，一定会在心中给你打一个满分。

用语言让上司发现自己的业绩要注意的另外一个问题就是说话要客观真实。须知，业绩不是吹出来的。如果过分夸大自己的功劳，也许短期之内能够迷惑一些不喜欢亲自调查的领导，但是无疑会为自己的工作埋下一颗"不定时炸弹"，一旦某一天被领导发现，给领导留下你爱耍滑头的印象，不仅前面的功劳一笔勾销，而且日后你再汇报工作的时候，即使有功劳也会受到领导怀疑。而且，夸大自己功劳也会在同事之间留下不好的口碑，时间长了，无疑会使自己的职业道路越走越窄。

一分钟口才训练

如何向上司表明自己的成绩

1.及时客观地向上司汇报工作。

让老板了解你在解决事务中的能力以及为此作出的努力的最直接方法，就是定期及时向上司汇报工作。汇报的时候既不要一味炫耀自己功劳，以免引起上司反感，也不要妄自菲薄，要中肯、客观地向上司说明自己的工作状况，力求在上司面前留下工作能力较强的印象。

2.面对上司抛给你的问题，哪怕不知道，也要冷静、迅速地做出回应。

如果上司问你："这个月的销售业绩如何？"哪怕你不知道，也不要老老实实地说出来。真正聪明的人也许会回答："这个月的销售额我正在努力整理，很快就会给您一个明确的数字。"

3.答应上司交代的工作，应干脆、肯定。

上司交代工作，唯一应该有的回答就是："好的，您放心，我立刻去办。"拖拖拉拉容易给上司留下工作不力的印象。

4.采用好的态度，善于倾听。

在和上司沟通时，一定要留出时间给自己的上司，让上司给自己指导工作。在倾听上司指示的时候，应当专心致志，让上司看到你在认真倾听。

一分钟求得帮助
——口才训练6大招术

1. 趁着人家高兴时开口求助

> 真正的朋友，在你获得成功的时候，为你高兴，而不捧场。
>
> ——高尔基

求人说话，首先要学会看见别人眼中的世界，求人时看人脸色才能说好话，眼睛长在头顶和脚下的人永远看不见别人脸上的表情，他们往往是出师不利的。谈话的对象一般都是敏感的。他们希望被人了解，而不希望受到支配或催促，因此求人时你必须从容行事并设法了解对方。每个人都具有其独特性，他们的情绪可能早晚都不同，所以你对对方的情绪应该保持高度的敏感，趁着对方高兴的时候再开口求助，成功的机会更大。此外每一个人都可能拥有某些嗜好(例如洁癖)，你应避免侵犯他们。

战国时的法家代表人物韩非子曾列举臣下向君主进谏时应注意的事项，其中就有要观察君主是否高兴再决定是否进谏这一条。求人也应这样，要注意顺着对方的心意，不可逆犯对方的忌讳和尊严。不然不但达不到目的，反而会使自己处于非常尴尬的境地。所谓"出门观天色，进门看脸色"，人的面部表情、脸色的好坏会表现出其情绪和心境。求人办事时只有善于从对方面部表情做出准确判断，再采取行动，这样才会有成功的可能。

当你向对方提出请求时，为了使谈话愉快地进行下去，更要首先博取对方的好感。抓住对方的心理，站在对方的立场上思考问题，这样才有可能让对方愉快地接受你的观点和请求。了解对方情绪的另一个目的就是对症下药，卡耐基有句名言："无论你本人多么喜欢草莓，鱼也不会理睬它；只有以鱼本身喜爱的蚯蚓为饵，它才会上钩。"因此，如果我们希望能够在愉悦的谈话中达到自己的目的，准确地运用情感因素进行交流是非常重要的。

> **一分钟口才训练**
>
> ### 求人要趁着对方高兴时
>
> 1.绝对不要失去求人的最佳时机，当对方正高兴时一定要马上发出请求，机会一旦错过了就不容易再找回来了。
>
> 2.一定不能在对方不高兴的时候发出请求，对方心情糟糕时你的请求百分之百会失败。
>
> 3.充分运用语言优势，努力制造让对方高兴的机会，以便发出请求。
>
> ### 如何准确判断对方的情绪
>
> 1.察言观色。很多人都会把喜悦表达在脸上和行动中。因此在开口求助前，应当首先仔细观察一下求助对象的表情和动作。
>
> 2.求助时多几句开场白。很多人在有求于人时喜欢单刀直入："我想麻烦您……"如果一上来就开口求助，无疑丧失了观察对方情绪的机会，尤其是面对自己摸不透、不了解的人的时候，难免成功率不高。

2.称赞对方"乐于助人"，让他主动帮忙

> 我们彼此间的友谊将协力维护我们的美誉。　　　——贝纳文特

人生活在世界上都是需要互相帮助的，每个人都应该帮助他人，

同样，自己有了困难也可以请求他人的帮助。帮助他人是一件快乐的事情，得到帮助也同样是快乐的事情。其实大多数人都是乐于助人的，因此只要你认定他们不至于帮倒忙，就可以给他们一次表现的机会。

乐于助人的人自认为自己喜欢照顾别人，可以帮助任何人，如果有人需要帮助时，他们会适时伸出援助之手。所以当你向别人请求帮助时，先盛赞一下对方"乐于助人"的品德，给他一个"乐于助人"的美誉，对方一定会努力维护这份荣誉，你也就更加容易得到帮助。

一分钟口才训练

先赞誉再请求帮助

1.得体的称赞会让别人更加愿意帮助你。

请求别人帮助时不应吝惜对他人的赞美，须知，他人心情愉快的时候也是你寻求帮助成功率较高的时候。

2.主动请求别人的帮助，态度要诚恳，让对方获得帮助自己的愉悦和成就感。

付出和接受都是快乐的，如果我们希望对方乐于帮助我们，那么首先要让对方及时感受到给予的成就感。不要羞于说出"上次真的多亏了你，否则我真不知道怎么办才好，你真是我的大贵人……"一系列的话。

3.要在接受别人帮助之后及时感谢。

感谢要及时，如果等到对方都忘记曾经对你有过什么帮助时才说出感谢之词未免太迟了。中国有句俗语叫做"礼多人不怪"，所以如果有人对你有过哪怕一丁点帮助，你也一定要及时诚挚地送上自己的谢意。

3.想请对方帮个小忙，先要提出让他帮个大忙

帮助朋友，以保持友谊；宽恕敌人，为争取感化。

——富兰克林

求人帮忙，可以先提出一个很大的要求，如果对方没有同意，再提出较小的要求，对方通常会很痛快地答应较小的要求，用帮小忙来表示歉意。这同直接提出较小的要求相比，对方同意的可能性会大大提高。

在日常生活中，我们常使用这个方法。如果我们希望一个贪玩的孩子每天回家只看一小时电视，聪明的父母就会故意告诉他只能看半个小时，于是孩子再三恳求，父母只好"勉为其难"答应了他每天看一小时的要求，孩子立刻会觉得心满意足，认为父母已经让步了。意欲取之，必先予之，如果我们希望别人接受我们的要求，最好让别人意识到我们做出了让步。

在社会活动中，人们都有坚持自己意见的顽固性，因此，双方调和的结果往往是"取法其上，适得其中"。为了"适得其中"，你就需要提出一个更高的目标，而后做出妥协，在对方自尊得到满足的同时，你的目的也就达到了。鲁迅在批判人性的弱点时说过，如果有人提议在房子的墙壁上开一个窗口的话，势必会遭到众人的反对，窗口肯定开不成；如果他提议把房顶扒掉，众人则会反对扒掉房顶，进而同意开个窗口这小一点的要求。其实，这种心理是人类普遍存在的，我们可以利用这种心理，达到说服别人帮助自己的目的。

同样的，这个道理反过来也可以成为"欲求一尺，先要一寸"的退让方法。有时，因为我们所提的要求比较高，对方一下子很难接受。在这种情况下，一种有效的方法是引诱对方先同意一个很小的要求，再一步一步让对方同意更大的要求。因此，我们说循序渐进也是求人办事的一个很好的方法。求人办事切忌一蹴而就，急于求成。

一分钟口才训练

请求帮助的语气要做到

1.一定要把自己置于弱者的位置，语气低调，必要时要显得凄惨、痛苦。

激起对方的同情心，往往能够收到不错的效果。

2.始终保持谦虚温柔的请求语气，即使对方拒绝你的请求，也千万不要变得蛮横粗鲁。这一点很重要，记住，没有人有义务为你提供帮助。

3.语气中可以带点亲情、友情的味道，拉近双方的距离。人是有感情的动物，如果我们能让对方觉得我们是他（她）的朋友、亲人，事情就成功了一半。

4.找出利益共同点，让对方知道事情跟他有关系

所谓友情，是平等的人们之间离开了利益关系的交易。

——哥尔斯

司马迁说："天下熙熙，皆为利来，天下攘攘，皆为利往。"很多情况下，人们之间的交往都带着功利的色彩。明白了这一点，在求人说话时只要能找出双方利益的共同点，往往无需更多的客套，就能迅速达成共识。

在外国的一个监狱里，有一天，一个单独监禁的犯人闻到一股烟味。正在犯烟瘾的他透过牢门的小缝，看到门廊里有个狱警正在抽烟。他敲了敲门，狱警走过来，傲慢地喊："想要什么？"囚犯回答说："对不起，请给我一支烟。"狱警嘲弄地哼了一声，就转身走开了。这个囚犯不放弃，又敲了敲门。那个狱警恼怒地转过头问道："你又想要什么？"囚犯态度严肃地说："请你在50秒之内给我一支烟。不然，我就用头撞墙，直到血肉模糊、失去知觉为止。被人救醒后，我就发誓说这是你干的。当然，他们也许不会相信我。但是，想一想你必须接受调查，你必须向每一个领导证明你自己是无辜的；你必须填写很多份报告，甚至被停

职。想一想你将卷入的麻烦吧——所有这些都只是因为你拒绝给我一支烟。"最后，狱警只得从小窗里塞给他一支烟。

如果我们能站在对方的立场上看问题，就可以知道他们在想什么、想得到什么、不想失去什么。仅仅是转变一下观念，学会站在对方的立场看问题，就能够了解利益的关键所在，轻而易举地得到帮助。这其实也是一种说话技巧。

一分钟口才训练

陈述利害关系的口才要求

1.你的分析要建立在充分的调查和总结的基础之上，有理有据，不容辩驳。

陈述利害不是信口开河，如果希望得到他人的信服，你所说的每一句话就必须有充分的证据。

2.分析过程中保持自信的姿态，相信自己完全有能力应付任何质疑，使对方确信你的观点是完全正确的。

态度决定成败，陈述利害时，应保持自信、坚定的态度，务必在气势上首先让对方认定你说的是正确的，在思想上给人以震慑力。

3.说话时要保持客观的立场，表明你所分析的利害关系完全是从对方的角度出发的。

一定要让对方相信，自己与整个事情有关，让对方明白自己与你"一荣俱荣，一损俱损"，相信没有人会拿自己的利益开玩笑，因此这是我们陈述利害、解决问题的关键。

5. 必要时也要吓唬对方

> 要是人没有了恐惧心就一切全完了！一切全毁了！一切全垮了！据说，世界就是靠人们的恐惧心来维持的啊！
> ——高尔基

很多人都知道在求助的时候用威胁的方法可以增强说服力。这是用善意的威胁使对方产生恐惧感，从而达到说服目的而得到对方帮助的说话技巧。

汉高祖刘邦在一次与匈奴的交战中，被围困在白登山上。他的后援部队又被匈奴军队分头阻挡在各要塞路口，无法前来解围。到了第四天，汉军的粮草越来越少，伤亡的将士不断增加，刘邦开始坐立不安。刘邦的谋士陈平出了一个主意。他派使者趁着夜色，悄悄下山来到了单于夫人阏氏的营帐，拿出一个卷轴献给阏氏。阏氏打开卷轴，看到卷轴上画着一位美艳的年轻姑娘，比自己漂亮十倍。阏氏大惊失色，问："这是什么人？"汉朝使者说："这是大汉的绝世美女。本来陛下准备自己享用的，但现在情况危急，陛下决定让小人把这幅画拿给单于看，如果他肯退兵，这位美人就归单于了。"使者故意停了停，叹息着说："陛下知道阏氏素来被单于宠爱。不过，如果有了这位美人，不知单于是否还会像以前一样宠爱您。可是由于贵国单于不肯退兵，陛下只好出此下策。如有对不住阏氏的地方，还望阏氏海涵。"阏氏顿时柳眉紧锁，显得十分紧张。她想了想，说："贵国的心意我知道了，画卷请你带回去，万望不要再提起此事。至于退兵的事，就由我来处理吧。"送走了使者，她来到单于的营帐，对单于说："两国的君主不宜相困。现在即使得到了汉朝的土地，最终也无法在那里长住，不如就此讲和。"单于觉得她说得有理，就答应讲和。这样，一场危机就轻易化解了。

只用一幅图，阏氏就心甘情愿地为汉高祖解围，陈平的攻心术真的是高明。这种攻心术利用了人们不喜欢或担心某件事情所造成的后果的恐惧心理，专选对方最怕的说，从而达到让对方帮助自己的目的。

一分钟口才训练

威胁要注意方法

1.态度要友善。

哪怕是威胁，也不要恶声恶气，否则只能引起对方反感。越是有威胁的话，越是要"举重若轻"，用最温和、最友善的语气表达出来。这能让对方感受到你胸有成竹，反而会有所顾忌。

2.讲清后果，说明道理。

威胁不是胡搅蛮缠，更不是撒泼，威胁的根本目的在于使对方满足自己的合理要求。因此，威胁时应该先申明如果对方不能满足自己，自己会采取什么行动，会给对方造成什么样的后果，把事实摆清楚，同时说话要有理有据。这样才能让对方心悦诚服。

3.威胁程度不能过分，否则反会弄巧成拙。

威胁切忌"得理不饶人"，应该在对方满足自己合理要求时适可而止，否则会激起对方反感和反抗的心理，严重时会逼对方走向反面，和你撕破脸皮拼个鱼死网破。这样既没有达到目的，又无端地为自己树立了一个敌人，得不偿失。

6. 请将不如激将

> 一怒而天下定。　　　　　　　　　　　　——孟子

在求人办事时，有时需要刺激对方，激将法就是常用的方法之一。激将法主要是通过隐藏的各种手段，让对方进入激动状态（如愤怒、羞耻、不服）导致情绪失控，然后无意识中受到操纵，去干你想让他为你干的事。说到底，人是感情的动物。所以在人际交往中，必须想方设法运用感情的力量，来激发人的积极性，运用其热情和干劲儿。"激将"就是一种很好的策略。

我们都熟悉的赤壁之战，就是一个小小的激将法引起的。刘备希望联吴抗曹，但曹操势力很大，孙权有所忌惮，迟迟不肯答应。于是刘备就派诸葛亮去说服孙权。诸葛亮意识到，当时掌握吴国兵马大权的是周瑜，要想说服孙权，必须先让周瑜改变主意。这一天，诸葛亮在鲁肃的陪同下去见周瑜，周瑜在了解当时的军情后，说："应该向曹操投降。"诸葛亮听了并没有反驳，而是笑了笑说："将军所言极是！"之后，他做出一副惊讶的样子，说："鲁肃将军想要和曹操开战，真是不理解天下大势啊！其实只要是把大乔、小乔两名美女献给曹操，向曹操投降，这样百万大军自然会撤退，根本不必再让将军劳神。"周瑜一听立刻勃然大怒，将酒杯掷向地上，厉声骂道："曹操老贼欺人太甚！"原来大乔是孙策的遗孀，小乔是周瑜的夫人。诸葛亮故意这样说以刺激对方。第二天早晨，周瑜就在文武百官面前向孙权请战，并且保证能"大破曹军"，诸葛亮成功达到了自己的目的。

一分钟口才训练

激将法的几个种类

1.用高帽赶鸭子上架；故意贬低，挑起好胜之心。如"本来我觉得这个问题只有你这个高级技师才能解决，像我们这样的普通工人是无法完成的，但是现在看来，您也无法解决啊！"

2.吹胡子瞪眼睛，敲桌子点鼻子，惹人发怒。故意摆出一副傲慢的样子，诱对方发怒，从而使对方一怒之下答应完成他之前拒绝的任务。

3.冷冷冰冰，或佯装不信，使人吐露真言。对垒之中，一是看忍功耐力，谁更冷静；二是看谁扮演得更天衣无缝，使对方察觉不到自己的真实意图。运用这样的方法一定要保证自己的表情、动作等细节不出破绽，否则，一点小细节的疏忽也可能让你的"伪装"被识破。

一分钟化解尴尬

——口才训练7大方法

1. 勇于自嘲，给自己找台阶下

> 我们应该注意自己不用言语去伤害别的同志，但是当别人用语言来伤害自己的时候，也应该受得起。
> ——徐特立

所谓自我解嘲，就是当自己的需求无法得到满足而产生不良情绪时，为了消除或减轻内心的苦闷和烦恼，有意丑化得不到的东西，编造一些"理由"，以此进行自我安慰，求得心理平衡，以防思想和行为出现偏差。我们都熟悉寓言中那个"吃不到葡萄说葡萄酸"的狐狸的故事，虽然这个故事有点"可笑"，实际上却提示出一种有效的心理防卫方式。在得不到甜葡萄的情况下，只得吃酸柠檬却硬说柠檬是甜的，有意美化得到的东西，这样可以使自己失望、不满的情绪得到平衡和缓解，把自己锻炼得更加成熟和坚强。自嘲也经常可以化解尴尬，给自己找到台阶下。

名人就经常用这种方法来给自己"找个台阶下"。曾经有人批评里根选购B-1重型轰炸机是好斗的行为。里根为此解释说："我一直听到有关订购B-1这种产品的种种宣传。我怎么会知道它是一种飞机型号呢？我原以为这是一种部队所需的维他命而已。"

还有一次，里根在加拿大发表群众演说。其间，不时有反美群众打断他，令一旁的加拿大总统十分难堪。里根却泰然自若，说道："反对的事情我在美国已经司空见惯了。我猜想，这些人应该是专门从我国奔赴贵国的。看到他们，我就好像置身于家乡的土地上一样。"

另一位美国总统林肯在某个报纸编辑大会上发言，但他的身份与会议很不相称，他似乎更应该待在家里而不是出现在会议上，这使得局面多少有些尴尬。于是他给大家讲了一个小故事："有一次，我在森林中遇到了一个骑马的妇女，我停了下来让路，可是她也停下来，目不转睛地盯着我。她说：'我相信你是我见到的最丑的人。'我说：'你大概讲对了，但是我又有什么办法呢？'她说：'当然，你这副丑相是没法改变的，但你可以待在家里不要出来嘛！'"大家都因林肯的幽默而哄堂大笑，尴尬的气氛一扫而空。

尴尬的时候，勇于自嘲，给自己找个台阶下，不失为一个好办法。

一分钟口才训练

自嘲的技巧

1.自嘲时要对着自己的某个缺点猛烈开火。这份气度和勇气，别人不会让你孤独自笑，一般会陪你笑上几声的。

2.如果你碰巧长得英俊或美丽，试试你的其他缺点。如果你真的没有什么缺点就虚构一个，缺点通常不难找到。例如，你可以说一句妙语："世界上没有一个人是完美的，我就是最好的例子。"

3.在社交中，当你陷入尴尬的境地时，可以借助自嘲使你从中体面地脱身。在一次招待会上，服务员倒酒时，不慎将啤酒洒到一位宾客那光亮的秃头上。服务员吓得手足无措，全场人目瞪口呆。这位宾客却微笑地说："老弟，你以为这种治疗方法会有效吗？"在场的人闻声大笑，尴尬局面即刻被打破了。

2. 前话说错，后话弥补

失足可以很快弥补，失言却可能永远无法补救。

——富兰克林

如果在某一场合说了不合时宜的话或做了不当的事，就应该设法加以补救，而且应该紧跟着就用后话去弥补。至于怎样补救，这就要靠自己的智慧，或者虚心地向在场者请教。

不知道大家是否还记得《宰相刘罗锅》中的一个情节，刘墉在一次陪伴乾隆洗澡时被允许叫乾隆的名讳，而过后他一不小心说漏了嘴，刚说了一个"弘"字就意识到自己说错了，这时皇上已经意识到了，很不高兴，就大声质问："'弘'什么？"旁边的人见此情景都吓了一身冷汗。刘墉却从容不迫地跪在地上说："弘名天下之圣君万万岁。"乾隆听了这一番恭维的话，就转怒为喜，不再追究了。

当你在上司面前失言了，千万不要慌张，而应懂得亡羊补牢，伺机以巧言挽回失误。

张先生被调派到分公司工作了半年，一回到总公司，马上就赶着去问候以前很照顾他的杨科长。张先生对过去杨科长经常不辞辛苦地跑到分公司给予指导的事反复地致谢，可是，不知怎么搞的，对方反应似乎很冷淡。当张先生纳闷地走出门时，一名同事才过来告诉他："杨科长已经升为副处长了呀！"不知道对方已经升官，依然用以前的职务称呼，当然会使对方的心里觉得不舒服。张先生顿时恍然大悟，后悔自己离开总公司半年没有事先确认对方的职位是否已经有所变化，所以才失了言。但说错的话已经收不回来,怎么办?他想了想,马上返回到杨处长的办公室,开口说:"杨处!真是恭喜您了!您也真是的,刚才也不告诉我一下。我在分公司难免消息不灵通。不过,错漏您升官的消息,总是我的不是,真对不起,请原谅!"像这样巧妙地将造成尴尬的原因讲出来,并把衷心的祝贺表达出来,自然也就化解了杨处长心中的不快。

一分钟口才训练

弥补说错话的几种方法

1.道歉要坦率,更重要的是,要通过道歉把问题讲清楚,只有这样才能和对方充分沟通,从而顺利解决自己言行失误带来的危机。

2.犯了类似无心之过时,先用甜言蜜语恭维对方一番,再真诚地分析你的失误,表示你的歉意,不失为消除对方心中不快的好办法。

3.可以妙用修饰词,使自己的失误变为或滑稽或因好心而犯的样子,这样对方会开怀大笑或被感动,也就不忍责备你了。

4.解释缘由、消除误会，必须选择好时机，一定要考虑对方的心境、情绪等情感因素。需要注意的是，不要认为难以启齿或碍于情面而使误会的时间越拖越长。这样会使误会越陷越深，最后造成令人更加苦恼的后果。

5.不能明白透彻地说清楚的时候，你可以请其他同事帮忙，把事情彻底地解释清楚。

3.学会"和稀泥"

遇欺诈之人，以诚心感动之；遇暴戾之人，以和气熏蒸之。

——洪自诚

我们都曾遇到过因坚持自己的观点而和持不同观点的人争执不休的局面。事实上，随着场合的改变、角度的变换，不同乃至相互对立的意见、观点都有可能成立。所以，我们在解决这种争执引起的尴尬时应该把握这一点，力求巧妙地分析问题，让双方清楚地理解彼此的观点都是具有相对性及兼容性的，进而停止无谓的争执。

乾隆皇帝有一天带着和珅与刘统勋去游湖，兴之所至，乾隆皇帝吟道："什么高来什么低，什么东来什么西？"刘统勋博学多才，一下子就应了出来："先生高学生低，文在东来武在西！"和珅见刘统勋抢风头，非常不高兴，就吟了一句讥讽他："天最高地最低，河（和）在东来流（刘）在西！"在封建礼教中，东为上、西为下，这就是说你刘统勋无论多有才华也要在我下面。刘统勋听出诗中的意思，也很不满。三人来到桥上，乾隆要他们两人以水为题，拆一个字，说一句俗语，做成一首诗，刘统勋就趁此机会损和珅，诗曰："有水也念溪，无水也念奚，单奚落鸟变为雞。得食的狐狸欢如虎，落坡的凤凰不如鸡。"和珅听出来这是在骂自己，恼火万分。乾隆皇帝听出了这两个人诗句的弦外之音，他深知他们都是国家的栋梁，如果不和就会影响大清的事业啊！乾隆皇帝拉着两个人的手走到湖边看着映出的三个人影说："我也吟上一首诗：'有水也念清，无水也念青。二卿共协力，心中便有清。不看僧面看佛面，不看吾情看水情。'"和珅和刘统勋听了很受感动，乾隆皇帝没有降罪而是采用"和稀泥"策略促使两个人握手言和。

和珅与刘统勋都想在乾隆皇帝面前表现自己，以致引起争吵，相互贬低，乾隆皇帝如果直接干预，肯定会伤害到某一个人的面子，这样只会使矛盾激化，而通过吟诗暗喻的方式"和稀泥"，当时的尴尬局面就被巧妙地化解了。

一分钟口才训练

"和稀泥"的几种方式

1.答非所问。

在某些状况下，当对方提出某些问题，自己基于某些原因不能不答，又不便作出直截了当的回答时，便可采用答非所问的战术，"顾左右而言他"，将对方的话题引开。

2.无效回答。

用一些没有实际意义的话去作非实质性的回答，叫无效回答。小李是个热心肠，因为经常帮助新来的女职员张某，于是产生了一些风言风语。一天，一个同事问小李："你喜不喜欢张某？"这时无论小李的回答是肯定还是否定，都是让人尴尬的。而小李笑了笑说："我喜欢每一个勤奋认真的人。"这个看似回答的"无效回答"有效避免了谣言，又保护了张某的自尊心。

3.间接回答。

回答者针对提问者对某些尖锐问题的诘问，用巧妙的语言进行类比回答。有人问一个聪明的宰相："假如一只黑猫跟着你，这是不是凶兆？"宰相答："那要看你是人还是老鼠。"

4.以退为进。

在对话中，答者首先承认问者的话，然后予以适当回敬。周总理在新闻发布会上，面对外国记者"中国是否有妓女"的问题，首先承认说"有"，然后再回答："在中国的台湾省。"这一回答打击了部分外国记者对中国的诬蔑和仇视。

5.避难就易。

对那些难以回答的问题，不要正面硬碰，而是知"难"而避，从比较容易的方面作答，这是避难就易法的精髓，也是拒绝辞令中简单而机智的一种。

6.以虚击实。

这种战术，不仅能有效地避其锋芒，而且能有效地击"实"，即先退后进，以退为进，反戈一击，成功地实现完全否定对方论点的目的。

4.顾左右而言他，让不识趣的人走开

>天才就是回避艰苦工作的能力。
>
>——埃·哈伯德

在语言交往中，我们常会被问及一些比如涉及国家、组织的秘密，个人收入、家庭生活、婚姻状况等敏感话题的问题。我们在对待这样的提问时，既不能置之不理，也不能让自己套在难解的绳索之中。因此在这样的场合之中，我们就要使用"顾左右而言他"的语言艺术，使我们既保全自己的面子，也顾及提问者的感受。

某单位一女工结婚，在单位散发喜糖，刚巧该单位有一位尚未谈到对象的33岁的大龄女青年。大家吃着糖，突然一位同事笑着对那位女青年说："喂，什么时候吃你的喜糖？"大家都望着那位女青年。那位女青年脸微微一红，把脸转向邻近的一位女同事，然后指着那位女同事身上的一件款式新颖的上衣问："咦？这件上衣什么时候买的？在哪个商店买的？"两个人便兴致勃勃地谈起了那件衣服。在大庭广众之下问大龄女子何时结婚确实是件很不礼貌的事情。女青年碰到这个尖锐的问题时处境十分尴尬，回答不好可能会引起大家的闲话，再说这事也没必要让大家知道。于是她立刻把话题转移到同事的衣服上，借以回避对方的无聊问题。问者受到毫不掩饰的冷落，自然也意识到自己的失礼。

毫无疑问，直接转移法可以让你立即摆脱刚才那个令你难堪的话题，然而有一点不足的是，这样显得十分生硬。将话题飞快转向与之毫

不相干的地方，看似快速甩开了为难局面，可是双方心理上仍然是有阴影的。因此，我们要学会更含蓄的言他法——岔换。

岔换法是针对对方的话题而岔换新的话题，表面上看是回答了对方的问题，而实质却是不相干的两个问题。这样做既能使自己摆脱尴尬，又能避免使对方不快。

一分钟口才训练

顾左右而言他的妙用

1.转移事件的中心，解决自己的尴尬。

一位美国记者在采访一个因水门事件辞职的官员时，问："难道您不是因水门事件而辞职吗？"对方答："我每天工作十六个小时，几乎没有时间与妻儿在一起，所以我决定在以后的日子里做一名合格的丈夫和父亲。"这个回答避免了直面"水门事件"的诘问，逃开了提问圈套。

> 2.从容应对问题,照顾双方的情绪和面子。
>
> 一个汽车公司的老总在面对"为什么会制造和销售垃圾"的诘问时,自豪地大谈特谈自己产的汽车的寿命和安全性能,把诘难变成了自我宣传的机会,不仅回答了问题,还能够让对方下得来台。
>
> 3.避免可能发生的正面冲突。
>
> 一个记者去采访一个因存在安全隐患而导致工人伤残的企业时,并没有直接问"你们为什么会致人死亡和重伤",而转化成"请告诉我你们的安全记录",不仅语气缓和了很多,也避免了冲突。

5. 故意歪解他人的意思

> 我们在社会上故意把自己弄得狼狈可笑,仍然是由于虚荣太甚,想从人们的恶意中窃取快乐。
> ——司汤达

歪解幽默法就是以一种轻松、调侃的态度,随心所欲地对一个问题进行自由的解释,硬将两个毫不沾边的东西捏在一起,以造成一种不和谐、不合情理、出人意料的效果,在这种因果关系的错位和情感与逻辑的矛盾之中,达到摆脱尴尬、化解危机的目的。在化解尴尬的时候,这种方法往往可以使自己体面地下台。

威尔逊在任新泽西州州长时,接到来自华盛顿的电话,说新泽西州的一位议员即他的一位好朋友刚刚去世了。威尔逊深感震惊和悲痛,立刻取消了当天的一切约会。几分钟后,他接到了新泽西州的一位政治家的电话。"州长,"那人结结巴巴地说,"我,我希望代替那位议员的位置。"威尔逊被弄得非常尴尬——朋友尸骨未寒,而自己却又没有理由拒绝这位政治家。稍一停顿后，他慢吞吞地回答说："如果殡仪馆同意的话，我本人没有什么意见。"面对这位迫不及待地企望登上议员位置的新泽西州的政治家，威尔逊运用幽默手法，故意曲解了对方话中的希望得到的"位置"的意思。对方原来觊觎的是议员的席位，而威尔逊故意临时置换为已去世的议员在殡仪馆的位置，从而在幽默之中表达了对对方的反感和讽刺，也化解了自己的尴尬。

歪解幽默法作为一种幽默技巧，并不神秘，也不深奥，只要是出于表达的需要，只要是不那么死心眼地有一说一，有二说二，那么，在日常交际中，谁都可以用它幽默一下。

一分钟口才训练

歪解的两大手段

1.曲解词语法。曲解词语法就是利用语言的多义性，即明知是甲义，偏理解为乙义，有意混淆它们，以求产生幽默的效果。除了经常利用多义之外，还常利用音同、音近的谐音。

2.望文生义法。即明知故错地只按照字面解释词义，得到与原解释截然不同的结果，使说话十分诙谐，充满幽默感。望文生义法是一种巧妙的幽默技巧。运用它，一要"望文"，即故作刻板地就字释义；二是"生义"，要使"望文"所生之"义"变得与这个"文"通常的意义大相径庭，还要把"望文"而生义引向一个与原意风马牛不相及的内容上，从而在强烈的不协调中形成幽默感。

6. 避实就虚，假装糊涂

> 装傻也是要靠才情的，他必须窥伺被他所取笑的人们的心情，了解他们的身份，还得看准了时机。
>
> ——莎士比亚

人处在社会之中，自然少不了交际活动。在交际活动中，常常会有因交际双方的语言而造成误会的情况，或因第三方的无心之言而引起的难以收拾的场面。为了打破这种尴尬，我们可以采用避实就虚、假装糊涂，或故意"误会"、不理睬等方法周旋，从而使事态朝着缓和的方向发展。

某幼儿园中班来了一位年轻漂亮的实习老师。带班张老师正带着这位新老师熟悉环境及孩子们，突然，有几个小朋友大声说："这个老师比我们的张老师年轻漂亮。"这真是一语惊人，稚嫩的孩子们哪能想到此时的两位老师是怎样的尴尬啊！对这位实习生来说，初上岗位，就碰到这般让人尴尬的场面，的确很头疼。如果就此作出肯定的回答，得罪张老师，以后还怎么请她帮助渡过实习这一关呢？转过身来谦虚几句行吗？不行！反而会弄巧反拙。这位实习生灵机一动，装作没有听清，严厉地说："我看是哪个小朋友这么不听话，在下边大声喧哗？老师不喜欢这样不遵守纪律的小朋友。"此语一出，张老师紧张的神情顿时轻松多了，尴尬的局面也随之消失。这位实习生巧妙地运用装糊涂，避实就虚，即避开"称赞"这一实体，装作没有听清楚，转而攻击"喧闹"这一虚像，既巧妙地告诉那位带班老师"我"根本没有听清；又打消了那些孩子的称赞兴致，消除了他们误认为老师没有听到的可能，从而避免了他们再称赞几句使原本已经紧张的局面变得更尴尬。

装糊涂的几个妙用

1. 挽回"失语"所造成的尴尬局面。

一句"我是这么说的吗？怎么不记得了呢？"往往可以规避矛盾，脱离尴尬。

2. 对付别人的诡辩。

生活中我们总能遇到一些巧舌如簧的人，我们明知他们所说的是谬论，却又无法还击。这时候，装傻能让这些人失去继续说下去的动力，是对付这些人的好办法。

3. 制止别人的挖苦、讽刺。

挖苦、讽刺，是一种用尖酸刻薄的语言辛辣有力地贬损、揶揄他人的行为。我们在遇到这些语言的时候，大动肝火往往只能两败俱伤。有时，面对这种挑衅行为，装傻是一种有效避免受辱的办法。

4. 补救说话中的错漏、失误。

进行即兴演讲，有时会出现这样的情况：演讲者自己也不知为什么，竟说出一句错话，而且马上就意识到了。怎么办呢？这时，演讲者不妨装作不知道，然后采用调整语意、改换语气等续接方式予以补救。只要反应敏捷，应变及时，就可以收到不露痕迹的纠错效果。

7. 顺梯而下，保全双方面子

> 物质的损失、面子的伤害都还能补救，甚至挨了巴掌也没什么大不了，惟独犯案的时候被人撞破是无法挽回的！
> ——巴尔扎克

顺梯而下，指的是利用有利时机顺势而下，而不是特意地去寻找时机，这样不会引起别人的注意，自己也能一直保持主动，又能保全双方的面子。这种方法对化解尴尬局面很有效。

清末的大太监李莲英以机智、嘴巧著称，经常使慈禧从困境中解脱出来。一天，慈禧去看著名演员杨小楼的演出，结束时把他召到面前，当场挥毫泼墨亲笔写成一个"福"字赐给他。旁边的小王爷看出慈禧把福字的'示'字旁写成了'衣'字旁，悄悄地暗示慈禧。杨小楼也看出错字，如果拿回去必然引起非议，可是不拿又有欺君之罪，处境很是尴尬，气氛变得也紧张起来。其实慈禧太后也感觉不好意思，不知该送出去还是拿回来。李莲英灵机一动，面带笑容地说："老佛爷的福当然要比所有人都多出一'点'的嘛！"杨小楼赶紧叩首道："老佛爷福多，这可是万人之上的大福啊，奴才不敢领啊！"慈禧正为怎么下台发愁，也就顺水推舟答应以后再赐字。如此一来，杨小楼免于获罪，而慈禧避免了出丑，各方的面子都保全了。

一分钟口才训练

顺梯而下的两种表现

1.顺着对方的话题而下。

有时候,一个话题要进行下去,可朝着多种方向发展,我们可以有意识地将话题引往有利于自己的方向,然后顺着话题及时撤出去。

2.顺着他人解围而下。

在谈话中,如果因为我们自己的难堪,造成整个气氛的不和谐,可能会有知趣的人站出来,及时替你解围,这时,就应该抓住时机,顺着他人解围及时撤出。在新闻发布会上,一个明星被记者追问绯闻,现场立刻尴尬起来,这时候,主持人赶紧站出来说:"这个话题早就存在,都不新鲜了,既然是'新'闻发布会,还是问些'新'东西吧。"然后示意记者问其他问题,明星自然顺理成章地继续回答了。

一分钟消除争端

——口才训练7大策略

1. 及早避开危险的话题

千万不要说出你的毛病，朋友们会永远谈不够那个话题。

——塔列兰

在清代历史上能够身处官场这种是非之地，却能够避免各种利益诱惑而且在各种权力斗争中独善其身的人，恐怕只有范文程一个。因为他能够做到这点，所以他成为在辅佐皇帝开国后，没有被皇帝除掉的少有的人物之一。总结他的处事秘诀无非是他总能够及早地避开比较危险的话题，使自己得到保全。

范文程在清初四个朝代为官，康熙皇帝盛誉他为"元辅高风"，他曾经官至大学士、太师兼太子太师，为清王朝的建立和政权巩固屡出奇谋。在清政府任职的二十多年中，他经常参与到军国机密要事的讨论中，很受皇帝器重，甚至朝廷草拟各种文书都会听取他的建议。清太宗皇帝皇太极死后，权力斗争一度很激烈，很多人都在皇族内部的政治斗争中身败名裂，只有他远离皇族内部的派系之争，全身而退。当时由于皇位继承问题事先没有安排，满洲贵族之间斗争非常残酷，血流成河。作为重要官员的范文程有着很重的分量，但是他头脑清醒，总是以"臣是朝廷的大臣，只能为朝廷尽忠，至于立君是皇帝的家事，做臣子的是不能干预的"为理由对皇位继承人的问题三缄其口，从而避免了卷入争端。

一分钟口才训练

在办公室应该回避的话题

1.薪水问题。

有人在问别人的薪水时老是先说自己有多少,总是这么问:"我这个月的工资是……奖金是……你多少啊?"当你碰上这种同事,就要时刻保持警惕。当话题是工资问题时,你应该早点打断他,以公司纪律为理由提醒他不要再谈了。

2.雄心壮志的话。

你公开自己的进取心,就等于公开向公司里的同事挑战。做人低姿态一点,是自我保护的好方法。

3.私人生活问题。

无论你是失恋还是热恋,别把情绪带到工作中来,更别把故事带进来。办公室里容易聊天,千万不要只图一时痛快,就把自己的私事都抖出来。

4.家庭财产问题。

无论露富还是哭穷,在办公室里都显得做作。与其讨人嫌,不如知趣一点,不该说的话不说。

2. 别让伤人的话"脱口而出"

火烫伤了皮肤，会随着时间痊愈；出话伤人，将永远留下疤痕。

——印度谚语

说话要讲究文明礼貌，这是最起码的要求。生硬话、愤怒话，大多是顺口而出的，没有经过推敲，因而有失分寸是很自然的事。这种语言又多是"言出怒出"，它如同烈火一般，常常起到破坏双方关系的作用。因此，说话就必须不伤害对方的自尊心、虚荣心，而应照顾到对方的强烈的"自我意识"，别让伤人的话"脱口而出"，避免产生争端。

一个会说话的人，总可以准确、流利地表达出自己的意图，哪怕是逆耳忠言也说得很清楚、动听，使别人很乐意接受，他们有时甚至还能从问答中猜出对方的意图，增加自己对于对方的了解，对症下药说出最能打动对方的话，与对方建立良好的友谊。而有的人说话往往习惯脱口而出，不经推敲，以至于对方出现理解上的偏差，造成不良后果，从而影响正常交际，违背表达者的初衷，严重的时候甚至伤害别人，引起争端。

某主管如此议论他的下属："XX那个人真没用，还大学毕业生呢，连个老婆都讨不到，没事就写那些狗屁文章，写的还像个小学生作文，前言不搭后语的，字还没有蜘蛛爬的好，真不知道他活着有什么用……"XX后来听到这个议论，非常气愤，索性消极怠工，除了利用业余时间写小说、写报告文学之外什么都不干。

其实，作为工作中的上级和情感上的朋友，看到下级及朋友身上存在缺点和不足，的确应该正面指出来，但这绝不意味着取笑别人。讽刺挖苦的表达方式在任何情况下都应该慎用。因为这往往使人当众丢丑，难以忍受，轻则反唇相讥，重则大打出手，造成很恶劣的后果。

一分钟口才训练

日常生活中比较伤人的话

1."你这是胡说八道！""你放屁！""你是什么东西！"

2."你这个人不可理喻！"

3."和你说话，简直是对牛弹琴！"

4."你也太不像话了，人家能做到你为什么就做不到？你也太不争气了！"

避免"出口伤人"的方法

1.任何时候都要保持理智和风度。

人是感情动物,但是这不能成为失礼的借口。感情用事、只图一时口舌之快,在人际交往中常会伤害别人最终导致自己陷入孤立,因此,在和朋友、同事甚至亲人谈话的时候,务必要保持理性和冷静。

2.任何时候,都不应该说出可能伤害他人自尊、贬低他人人格的语言。

人际关系有的时候非常脆弱,往往在不经意的一次出口伤人中被伤害到无可修复的地步,因此,切忌有侥幸心理,认为伤害别人后还可以用道歉弥补。切记,最真挚的歉意也无法让一个人内心的伤害完全平复。

3. 把矛盾引到无伤大雅的事上

　　提出问题即矛盾的所在。　　　　　　　　　　——毛泽东

　　生活中，如果直接将矛盾扩大化很可能会伤害对方，使对方和自己产生不必要的误会与更深的矛盾。与其这样，不如将矛盾引到无伤大雅的事情之上，在对方未反应过来之前使他暂时忘记现阶段所存在的矛盾。在对方向自己提出其他的事情后，则可以马上转移话题。在给对方新的无关紧要的话题后，跟对方侧面说出自己与他意见相左的一些客观原因，让对方感觉到因为自己确实在某些事情上存在错误使其先消气。同时，可在新的话题上进行讨论，使对方能从根本是上将这个矛盾话题忘记，而将注意力转移到新的话题上来，这样的说话效果是明显的。这样，虽然根本矛盾没有解决，但是通过新的话题可以转移矛盾，随着时间的流逝，对方可能对于矛盾话题产生不同于以前的想法，这样可以更好地去解决矛盾，给自己创造一个有利的环境。

　　这种技巧在生活中是比较频繁地被使用到的，但是需要注意的是，解决矛盾时要考虑到别人的自尊，说话要婉转，既要把事情说透、说明，还要照顾到对方的面子。

　　在一次对外汉语教学中，来自韩国的学生坚持向老师阐述韩国的工业在亚洲工业中占最重要地位，韩国的电子产品领先世界称霸亚洲。而在这个问题上，老师则坚持称现在科技多元化发展，发展中国家工业力量在逐步增加，工业发展渐趋均衡。当两人在不同思维模式的引导下进行辩论的时候就可能产生矛盾，这个时候另一位老师为了缓和两人之间的矛盾，将话题巧妙地引到香港上，问学生是否喜欢香港，是否去过香港。学生回答去过香港，老师则接着问香港购物的问题，通过这个问题

委婉地说明内地的电子产品等工业也很发达,并且还有很多发展中国家发展出自己特色的工业。这样,这位老师在比较平和的气氛下,就将激烈的矛盾缓和了,同时使得学生了解到其思维模式中的盲点。

将本身很激烈的问题转移,探讨一些不相关但同时却存在着并不明显的联系的事件,从两者并不明显的联系中去解决问题,这样的说话方式并没有伤害到双方的感情以及利益,却又友好地解决了问题。也就是说,这种方法的关键是把矛盾先转移,然后通过其他方式去解决。

一分钟口才训练

解决矛盾的几个技巧

1.先稳定对方情绪,使其注意力先从产生矛盾的问题上移开。

2.寻找无伤大雅的事情,将对方注意力先放在无关紧要的事情之上。

3.通过无关紧要的事情再次寻找与矛盾相关的联系,准备将话题再次转移到需要解决的问题之上。

4.转移话题,在对方已经忽视原本需要解决的矛盾时,侧面引导并解决矛盾。

如何把矛盾顺利转移到其他的小事上

1.选择恰当的转移方向,转移方向应当与矛盾焦点相关。如两方在探讨经济发展方向上产生矛盾,那么可以把话题转移到最近的物价、生活物品购买等与争论焦点相关的小事上,潜移默化让对方接受自己观点。

2.语气要温和。发现有矛盾产生的苗头时,立刻调整自己的情绪,让自己说话的语气更加温和,然后在看似不经意间转移话题。

3.给对方个台阶下。如果发现对方意识到自己的看法存在偏颇,切忌"穷追不舍",应当及时转移话题,轻描淡写地一笔带过,防止对方和你一争到底。

4.有分歧的事以后再商量，避免当面冲突

如果你考虑两遍以后再说，那你说得一定比原来好一倍。

——培根

在现实社会中，得到他人的认可，是体验个人成就感和归属感的重要前提。但是实际生活中，由于立场、观点的不同，我们无法避免会和他人发生各种分歧的状况，如果我们想得到他人对我们的认可，就必须首先学会处理与他人的矛盾冲突，把矛盾最小化。很多人不能掌握处理矛盾的正确方法，往往"针尖对麦芒"地意气用事，这样不仅容易将矛盾激化，更有可能使自己在他人心中的印象大打折扣。

既然分歧不可避免，那么，遇到分歧之后我们首要的处理方法是什么呢？

在日本的一次职员培训中，一个培训师问他的学员，如果在办公室中有人因为某些原因错怪了你，和你发生了冲突，你应该怎么做。大多数学员选择当时和那个人解释清楚，可老师却摇了摇头。他说："选择这种做法无疑是非常不明智的，因为那个时候，别人正在气头上，对任何解释都听不进去，也许你的话对他来说只能是加深愤怒的催化剂。这时候的矛盾就像利剑，如果你昂首挺胸去面对它，除了让利刃伤害你之外毫无意义，说不定还会给人落下'诡辩'的印象。这个时候最好的办法就是弯下腰（鞠躬道歉），让所有的箭从你上方呼啸而过，这样等到风波过后，各位直起腰，依然英俊靓丽。等到日后双方火气平息，你可

以挑选个恰当的时机，和对方说'您看上次的事情，是不是有可能是这样……'，这样，不仅让对方能够听得进你的解释，还会让他欠自己一个人情，并给他留下个大度的印象，而且不让自己受到任何伤害，何乐而不为呢？"培训师的话赢得了在场所有人的热烈掌声。在面对矛盾的时候，选择理智、冷静、艺术的处理方式，的确是我们在现实生活中必须要学会的技能，也是在他人心中留下良好口碑的重要条件。

面对与他人的分歧，我们很容易因为情绪的波动而失去理智。在这个时候，如果我们能够避开矛盾的中心，给双方一定的时间消化矛盾、稳定情绪，避免当面发生争执，而在日后选择合适的时间让双方心平气和地解释分歧原因，就能够免除很多不必要的误会和隔阂，从而大幅度提高自己在他人心中的认可度。

一分钟口才训练

避免当面冲突的注意事项

1.注意说话用词要得体，不要使用过头词汇，否则会把话说到死路上，不利于日后冲突的解决。

2.如果察觉到对方情绪的变化，要注意及时调整自己的语气，以不发生当面矛盾为前提，语气要谦虚、诚恳。

3.要给对方留有余地，避免让他人下不来台的情况出现。

如何在日后与对方解释分歧、化解矛盾

1.尽量避免有无关的第三方在场。如果旁边有太多的人，解释矛盾时被证明是对方错误会让对方觉得非常尴尬。

2.在对方情绪良好的时候阐述自己观点更容易被对方接受。

3.态度要诚恳，实事求是、有理有据地说明你的看法。

化解矛盾常用的语言

1. "上次的事情,我很抱歉,不过其中可能另有原因……"

2. "在这件事情上,我想我们可能有一些误会,如果您愿意,请您听我解释……"

3. "我能理解您上次为什么和我发脾气,对此请让我对您表达我的歉意,也请您听我解释一下……"

4. "如果您现在有时间的话,能不能允许我说明一下上次发生的事情?"

5. 肯定对方意见中的合理部分

人类本质中最殷切的需求是渴望被肯定。

——威廉·詹姆士

人生在世，除了对物质有所需求之外，对精神上的需求也是很大的，而且随着人类物质生活水平的提高，对精神享受的要求就越来越高。人需要在精神上获得享受，需要别人的认可、尊重、钦佩、膜拜等，为了这种享受，人们甘愿付出许多乃至生命。或者说，人自出世以来所做的事情，归根结底都是为了寻求一种享受——被认可的快感。所以在听到别人的意见时，即使你想表示反对，在这之前你也不妨以慎重的态度，先肯定对方意见中合理的部分，请对方再斟酌考虑一下，让不愉快的情绪降到最低，然后再提出你的意见。你可以这样说，"你提的问题很重要，是否可以重新再仔细地讨论一下，你觉得如何？""你是否可以再想想，有没有更好的办法或建议，我的看法是这样应该也不错……"这种态度不仅表明你愿意考虑接受对方的意见，而且表明你对他的意见很感兴趣，可使对方乐于跟你讨论，接受你的意见。

在表示不同意见时，应该先退让一步，表示自己在某些方面同意对方的意见，也很仔细地考虑过他的意见；然后再说明自己的建议，如此将使对方更容易接受你的观点。你不妨这样说："我考虑过你的提议，这个建议很好，不过，有些问题可能还需要再商量。"或说："我十分同意你的意见，只是我有一些建议，希望你能听听看。"

一分钟口才训练

发表不同意见的其他几个策略

1.褒贬倒置，营造和谐气氛。

在提出反对意见前，你不妨告诉对方，有一些人也和他有同样的观点。把批评性的话先以表扬的形式讲出来，这样可以帮助你在和谐气氛中否定对方的意见。

2.回避焦点，缓冲正面的纷争。

你可以表示同意对方的意见，但说明有些人不赞同，然后再针对不完善的地方提出质疑。

3.重复对方的意见，以提醒对方再次考虑他的意见。

在发表不同意见的过程中，许多人说话时往往粗心大意，所说的话可能不够完善，这时你不妨用询问的口气、适宜的语调重述对方的意见，表示希望得到再次的证实，使对方能重新思考，加以修正。

4.善意的取笑，沟通双方情感。

善意的取笑是指以幽默形式出现的善意玩笑。有一次，一个想成名而又不愿下苦功的年轻人写信给马克·吐温："听说软骨中含有大量的磷，而磷可以补脑。我想，要成为一位大作家必须补脑，不知道您建议我吃哪种料理才好？"马克·吐温的回答是："我想，你最好吃一对鲸。"

6.多做自我批评，唤起对方自责心理

真正的科学精神，是要从正确的批评和自我批评发展出来的。

——李四光

人非圣贤，孰能无过？人们在工作和生活中出现了过错，是痛痛快快地承认与自责，还是讳莫如深，遮遮掩掩呢？聪明人往往选择前者。因为，发自内心的自责，能有效地减少失误造成的危害，消除由此带来的人际隔阂。在事业受到挫折、群众情绪低落时，负有一定领导责任的人引咎自责，能产生振奋人心、鼓舞士气的作用。承认自己的错误——就算你还没有改正过来，也能唤起对方的自责心理，可以帮助他们改善行为，解决争端。

有个食品店店员在一次运货时因马虎而使食品店损失了两箱果酱。为此，老板对他进行了如下一番批评："你犯了个错。但上天知道，我犯的许多错误比你还糟。你不可能天生就万事精通，那只有在实际的经验中才能获得。而且，你比我在这方面强多了，我还曾做出那么多愚蠢的事，所以，我不愿批评任何人，但你不认为，如果你换一种做法的话，结果不是更好一点吗？"店员不但没有与老板发生争执，反而愉快地接受了老板的批评，从此做事认真多了。由此可见，自我批评比针锋相对的指责效果要好得多。

越是地位崇高的领导者，越是懂得带头做自我批评。例如，毛泽东在1962年的一篇发言中一方面严厉批评党内压制民主的恶劣现象，一方

面也坦率地对近几年工作中的错误承担责任，他说："凡是中央犯的错误，直接的归我负责，间接的我也有份，其他同志也有责任，但是第一个负责的应当是我。"在毛泽东的带动下，其他主要的中央领导也在会上做了诚恳的自我批评，会议取得了良好的效果。这种先做自我批评的方法，能够减轻下属的心理负担和抗拒心理，使他们能够接受批评，冷静地审视自己的错误，从而更有利于争端解决。

1946年8月华东人民解放军某部进攻失利，伤亡较大，士气低落。陈毅主动站出来，说："三个月来未打胜仗，不是部队不好，不是师团不行，也不是野战参谋处不行，主要是我这个统帅犯了两个错误：一是先打强，即强攻泗县；二是坚守淮阴……我应以统帅身份担负一切，向指战员承认这个错误。"全军上下被陈毅这种博大的气度深深感动，士气大增，后来连打了几个胜仗，取得了最后的胜利。

自责还要敢于亮丑，不怕失面子，尽可能在较大范围内公开进行。原四川省副省长张皓若曾应邀参加一个高教工作座谈会，却因种种原因迟到了半个小时，张副省长来到会场之后第一句话就是做了自我反省："我今天迟到了半个小时，不管什么原因，都不能自我原谅，我向大家做检查。这种拖拉作风如果蔓延下去，改革开放无从进行，我要做自我检讨。"虽然很多失误都是由客观原因造成，但是当事人却能立即进行公开的自我批评，这自然会得到群众的原谅和称赞，争端也就不会产生了。

一分钟口才训练

自我批评好处多

1.让对方感受到你认错的诚意。

每个人都有犯错误的时候,而犯错误之后"死不悔改"往往会造成"错上加错"的后果,这个时候率先进行自我批评能让别人感到你认错的诚意。

2.让别人相信你找到了自己的问题,从而相信你能够在今后的工作中改正。

有批评才有进步,能认识到错误所在,才有机会改正。及时的自我批评能够增加别人对你的信心,让别人相信你能够在今后的工作中改正错误。

3.明确自己的责任。

很多人不敢于做自我批评,很大程度上还怕那会把过失全部揽到自己身上。事实上,自我批评反而能够帮助你明确自己的责任,避免替他人"背黑锅"。

自我批评注意事项

1.态度要诚恳。必须让别人感受到你的真诚,否则自我批评将起不到任何作用,严重时你还会落个"虚伪"的名声。

2.批评用词要中肯,很多人认为自我批评就是把所有过错揽到自己一个人身上,只要拼命说自己的不是就对了。其实这是大错特错。自我批评更要中肯,要勇于承担自己造成的后果,而不是别人的。

3.自我批评语气应该明确,不能似是而非。不要用诸如"可能是我记错了"、"大概是我的问题"之类的模糊语言,应该直截了当地说明自己错在哪儿,如"这次失误,主要原因是我对客户资料没有完全熟悉……"等等。

7.讲述纠纷双方各自的优点，唤醒其荣誉感

好人的荣誉深藏在人们的思想里，而不是挂在众人的嘴上。

——托马斯

在很多情况下，一些争强好胜的人喜欢为了争论而争论。也许这些人会想，口舌之快会使别人对他们的机敏与智慧留下深刻的印象。其实这是大错特错。美国众议院著名发言人萨姆·雷伯曾经说过："如果你想与人融洽相处，那就多多附和别人吧。"这并不是说你必须同意别人所说的全部观点，而是说你不可能一方面无休止地惹恼别人，而另一方面又指望别人能和你成为朋友。现代社会每个人的生存压力增大，没有人愿意把时间花费在无休止的争论上。如果你不断挑起争端，最后只能使朋友越来越疏远自己，而你自己身边已被其他好争辩的失败者们所包围。

美国总统林肯年轻的时候也是一个争强好胜的人，几次因出言尖刻而与人决斗。但是随着年岁渐增，他越来越理性，在非原则问题上开始避免和人发生冲突。他曾说过一句名言："宁可给一条狗让路，也比和它争吵而被它咬一口好。被它咬了一口，即使把狗杀掉，也无济于事。"这句话很值得我们思考。我们在遇到不讲理的人时，如果没有必要争论，不存在大是大非的问题，是应当避让还是被反咬一口呢？

其实，喜欢争论的人往往是缺乏自信的人，正因为他们没有自信，才会希望通过争论的胜利来说明自己的水平，维护自己的尊严。因此，

当一个人的自我修养处于一种很高的境界的时候,他是绝不会再用争论的方式来解决问题的。要记住,伤害别人自尊提升自己"成就感"是最不可取的方法。

一旦我们被这种人纠缠,产生了纠纷,一定要尽快脱身,最好的方法不是跟他争论,而是讲述双方各自的优点,唤起对方的荣誉感,通过这种方法抬高对方,趁他扬扬得意之时,赶紧脱身。每个人都有与生俱来的荣誉感,当你激发出他的美好回忆,使其沉浸在精神享受之中时,争论就会停止,争端就能够化解。

一分钟口才训练

能够唤醒他人荣耀感的语言

1."这件事你付出了很大的辛苦,其中的成就很大程度上是你的功劳。"

这句话往往能够让别人意识到成绩是自己的,只能更好地维护,而不是破坏。

2."你是这个部门的中坚力量,这个部门的成果代表着你的成绩。"

每个人都喜欢做一个领导者。如果你让他觉得他在这个部门中处于举足轻重的地位,往往会激起他强烈的归属感和使命感,从而以更积极的态度化解矛盾。

3."你是我们大家中的一员,大家的成绩都将有你一份。"

当一个人明白矛盾要破坏的是自己的成果时,他就会变得更理智。

一分钟巧妙拒绝
——口才训练7大细节

1. 不直接拒绝，拐弯抹角地说

> 对一个心持反对意见者，讲话却有必要谦和而委婉。否则正像把盐撒入伤口，会使他已有的成见更深。
>
> ——弗·培根

在交谈中，如果你一开始就拒绝对方的话，往往会引起双方的争论。不直接拒绝对方，用迂回的方式谈话，然后拐弯抹角地拒绝对方，这样就不至于引起双方的争论了。

三国时期，孙权手下有位名臣叫华歆，由于他名气很大，所以曹操就请皇帝下诏召他进京。华歆启程时，亲朋好友都来相送，赠了很多礼物给他。华歆为人刚正廉洁，本想拒绝，但又怕当面谢绝会伤害朋友之间的情谊，便将礼物统统收下，并在所有的礼物上偷偷记下送礼人的名字。临行前，华歆设宴款待亲朋好友。等到酒宴快结束时，他站起来对大家说："诸位好意，送我这么多礼物。但是，所谓"匹夫无罪，怀璧其罪"，我单车远行，携带这么多贵重之物，是不是太危险了？"朋友们听出华歆的言外之意，知道他不想收受礼物，又不好驳大家的面子。大家顿时心生敬意，便各自取回了自己的东西。

假使华歆当面谢绝朋友们的馈赠，不仅不知要费多少口舌，而且还会搞得大家都很扫兴。而华歆用只言片语的婉转说辞，既达到了目的，又没有伤害大家的感情，真可谓一举两得。华歆之所以能成功地谢绝馈赠，主要是因为他选择了一个"危害自身安全"的说辞，保全了朋友们的面子。虽然大家也知道他是故意推辞，但却不会在意，因为华歆的婉拒没有让他们丢面子。

可见，当我们必须拒绝对方时，一定要采用比较委婉的方式，拒绝的理由一定要充足。首先表明自己对这项要求很重视，自己也希望能接受；然后表明自己的遗憾，具体说明自己为什么不能接受。充足的理由、诚恳的态度，一定能取得对方的理解，最终化解拒绝的难堪。

一分钟口才训练

在什么时候可以拐弯抹角

1. 上司交代无法完成的任务时。

上司交代的任务，哪怕是不可能完成的，你也不能直接拒绝，否则会让上司感到不快。这个时候你需要婉转地表达自己的想法，让上司了解你的苦衷。

2. 爱面子的朋友提出要求时。

中国人尤其讲究面子。对待平常比较爱面子的朋友，如果直接拒绝，很可能会对他造成伤害，让他觉得你"不够意思"。这个时候，你需要拐弯抹角地拒绝，让他了解到你不是不想帮忙，而是爱莫能助。即使不能提供帮助，也要让朋友在面子上得到满足。

3. 在有第三方在场的情况下遇到熟人求助时。

这是一种比较特殊的情况，因为在有第三方在场的情况下，不论是谁，哪怕是平常比较大度的人，如果直接遭到拒绝也会觉得"下不来台"。这时，你一定要讲究说话的艺术，"有面子"地拒绝对方，这样才能在拒绝的同时不伤害别人，给别人留下较好的印象。

2. 借第三者之口拒绝

凡可以授权给他人做的，自己不要去做。　　——佚名

在日常的工作和生活中，你是否遇到过这些伤脑筋的事：一个品行不良的熟人缠住你，非要你借钱给他不可，但你知道，如果借给他就等于肉包子打狗——有去无回；一个熟识的生意人向你兜售物品，明知买下就要吃亏；有的至亲好友，从不轻易开口求人，万不得已，偶尔求你一次，你心有余而力不足，这时该怎么办？记住，你不是神仙，没有有求必应的本领，该拒绝的，就得拒绝。但是拒绝时必须讲究方法，可以借第三者之口拒绝对方。

张佳与小雨是从小玩到大的好朋友，两人情同姐妹。大学毕业后，二人先后找到了好工作，并与自己理想的对象组成了家庭。她们虽然有了各自的生活，但在内心中都谨记着这份友谊。一日，小雨来找张佳，说想向张佳借些钱炒股票。张佳虽然对股票没什么好印象，但碍于朋友情面便答应下来，并让小雨下周来取钱。没想到，爱人的母亲突然脑出血住院，需要大笔的医药费，张佳无法如约将钱借给小雨。张佳想拒绝小雨，但自己答应小雨在先，如果告诉小雨实情，又怕小雨认为自己找借口，言而无信。张佳不想几十年的友谊付诸流水，但又不知道怎样向小雨开口。她思来想去，苦恼不已，便向她们的另一位好友玲儿诉说了心事。玲儿听到后便安慰她道："这事儿包在我身上。"玲儿找到小雨，并没有直接提这件事，而是先与小雨唠家常。随后，玲儿像不知情一般对小雨说："听说张佳的婆婆脑出血住院了，你说张佳又要上班，又要照顾婆婆，还要给孩子做饭，

够辛苦的啊！听说她还在借钱，估计医药费不少吧。"小雨听后十分难为情，张佳这么辛苦，自己没帮忙不说，还向她借钱炒股，算什么朋友啊！第二天，小雨便给张佳打电话说股票上涨是小道消息不可靠，所以不打算买了。借钱一事便这样不了了之了。

借助第三者之口去拒绝别人，既不会使双方感到尴尬，同时又达到了拒绝的目的，不能不说是一个好办法。

一分钟口才训练

第三者要求高

1. 不要胡乱找人做借口，一定要找大家公认为公正的第三者。
2. 第三者一定可以提供足够的充分理由帮你拒绝。
3. 第三者应该是跟拒绝对象紧密相联的。

如何做拒绝别人的第三者

1. 不要添油加醋。

如果你真心希望帮朋友拒绝别人，不要对朋友的意思"添油加醋"，应当忠诚传达。

2. 要站在对方的立场。

不要表现得好像是对方请来的"说客"，如果你能够站在被拒绝方立场劝说，会起到意想不到的效果。如"某某不擅长于此，如果让他帮忙恐怕会耽误你的时间"就比"某某没办法帮助你"更有效和容易接受。

3.告诉对方正好错过时机，下次一定帮忙

> 幸运的时机好比市场上的交易，只要你稍有延误，它就将掉价了。
> ——培根

你是否希望有时能说不？很多人被迫同意每个请求，宁愿竭尽全力做事，也不愿拒绝帮忙，即使自己也没有时间或能力。其实学会委婉地拒绝同样可以赢得周围人对你的尊敬。那么，为什么我们还要继续答应呢？这可能是因为我们相信，拒绝表示漠不关心甚至自私，而我们可能害怕拒绝令别人灰心。此外，这可能是害怕被讨厌、批评由此损害友情。有趣的是，拒绝的能力与自信紧密联系。缺乏自信和自尊的人常常为拒绝别人而感到不安，而且有觉得别人的需求比自己的更重要的倾向。那么，我们应该怎样友善地拒绝他人的请求呢？

生活中，只要你仔细观察就会发现，其实在我们身边以错过时机为借口拒绝别人，从而巧妙地解决了双方尴尬的例子非常多。比如：A先生的儿子到了该考高中的年龄，他十分担心儿子因为学习成绩原因无法考上好的学校。于是A先生希望通过自己的大学同学B先生的关系，让儿子走后门到B先生所在的市重点高中就学。B先生不愿在学校内以权谋私，但又碍于和A先生是大学同学的情面不能直接驳回，于是对A先生说："实在是不好意思，现在学校的提前招生工作已经结束了。所有的招生工作已经直接转到教育考试部门处理，实在无法从里面再做什么了。"在跟A先生表明自己无能为力后，为了顾全老同学的面子，B先生

继续对A先生说:"这次实在是不好意思,如果你希望让你儿子考我们学校的话,还是尽量通过正规途径报考,想办法提高他的成绩。下次如果有什么事情我能够帮忙的,我一定尽力帮。"B先生简单的几句话,不但让自己不必利用自身职务之便做出影响公正性的事情,同时也不用因为这件事情而得罪老同学,造成双方的不愉快。

这种通过告诉对方正好错过时机,下次一定帮忙的方式达到拒绝别人的要求的方法,大大减少了自己在直接拒绝对方时,所给予对方的伤害及与之产生的不必要的尴尬,从而达到双赢的效果。

一分钟口才训练

告诉对方正好错过时机的语言素材

1. 对方所求助的事情,在时间上已经不允许了。
2. 自己已经不管对方所求助的领域了。
3. 跟对方说自己的领导刚刚开会强调杜绝员工帮助他人等类似内容。

别人求助何事时必须拒绝别人

1. 违背自己做人原则的事情。
2. 不符合自己兴趣爱好的事情。
3. 违背自己价值观念的事情。
4. 可能陷入某种不好的关系网的事情。
5. 有损自己人格的事情。
6. 做庸俗交易的时候。
7. 违法犯罪行为的事情。

4. 贬低自己的能力，表示无能为力

如果一个人没有能力帮助他所爱的人，最好不要随便谈什么爱与不爱。当然，帮助不等于爱情，但爱情不能不包括帮助。

——鲁迅

在社会交往中，我们经常会遇到许多我们无法满足的请求。例如：朋友请你去聚会，你却要加班；上司让你加班，你却希望回家照顾生病的无人看管的孩子；你出差去异地，邻居托你捎带东西，而你的日程紧张根本没有时间；一些朋友请你做事，却有违国家法规……遇到这种情况，该怎么办呢？是违心答应，还是支支吾吾？或者掌握拒绝技巧，妥善拒绝？我想任何人都会选择最后一个答案。

客观上我们常有面对他人请求却无能为力的时候，碰到这样的情况，很多人可能在面子的驱动下直接答应别人的要求，过后再说办不到。这不失为一个办法，但是不应当经常使用。次数多了，难免会给人留下言而无信的印象。因此，在面对他人请求的时候，必要的情况下我们可以选择在一开始就委婉地表示自己能力有限，爱莫能助。

生活中，只要你仔细观察就会发现，其实在我们身边用这种以退为进的方式巧妙地拒绝别人的例子非常多。比如：两个打工的老乡，找到城里工作的李某，诉说打工之艰难，一再说住店住不起，租房又没有合适的。言外之意是要借宿。李某听后马上暗示说："是啊，城里比不了咱们乡下，住房可紧了。就拿我来说吧，这么两间耳朵眼大的房子，住着三代人。我那上高中的儿子，没办法晚上只得睡沙发。你们大老远

地来看我，不该留你们在我家好好地住上几天吗？可是做不到啊！"李某首先声明自己家的房子只有"耳朵眼大"，连儿子都要睡在沙发上，老乡们听到他这么说，自然知难而退，不好意思再开口借宿了。这种首先贬低自己能力或是条件的做法，在拒绝别人时是一种有效而不失礼的方法。

用这种以退为进的方式拒绝别人的要求，既不会使自己为难，也不会伤害双方的感情。可谓一举两得。

一分钟口才训练

贬低自己能力时要小心弄巧成拙

1.不要过于自谦，让对方看出破绽。

2.不要过于严重，让人感觉你一无是处，以后也不找你了。

3.不要偏离对方的请求太远，让人觉得你根本无心帮忙。

哪种求助对象不适合这种方法

1.不能在上级领导面前贬低自己，否则会影响以后的前途。

2.不能在重要客户面前贬低自己，否则会失去客户的信任。

3.不能在对自己能力很清楚的朋友和亲属面前贬低自己，否则会让对方以为你是故意的。

5.巧用暗示拒绝，不伤对方的面子

学会说"不"吧！那你的生活将会美好得多。

——卓别林

暗示，是人与人之间相互影响的一种特殊方式。暗示者出于自己的目的，采取隐晦、含蓄的语言，巧妙地向对方发出某种信息，并以此来影响对方的心理，使其不自觉地接受一定的意见、信息或改变自己的行为，是一种不伤害对方面子的拒绝或者建议的方式。

我们在拒绝别人，或者要求对方改正自己的错误时，如果能够正确运用暗示的方法，不仅能够让对方觉得我们在照顾对方的颜面从而心存感激，而且也能在不伤害和气的情况下解决问题。

举例来说，某个朋友希望你周末陪他出去，而你则另有安排，不如就说："上星期，某某一连两天都把我约出去，弄得我周一上班一点精神都没有。"这样说，你就等于给了对方一个暗示——你并不打算在周末的时候和他一起出去，对方就明白你在拒绝了。

美国总统林肯就善于利用一些暗示来表达自己的拒绝。他对于每天送到办公桌上的那些冗长的、复杂的官式报告感到非常厌倦，发誓不再看这样的东西。但是，他并没有直接拒绝接受这些报告，而是诙谐地对手下说："当我派一个人出去买马的时候，我并不想知道马的尾巴有多少根毛。我只希望这个人能告诉我马的特点就可以了。"

事实上，用暗示的方法拒绝别人，并不仅仅局限在语言上。很多时候，我们的一个细小的动作，同样能够起到暗示别人的作用。比如，当面带笑容谈话时，笑容突然中断便暗示着无法认同和拒绝。类似的肢体语言包括，采取身体倾斜的姿势，目光游移不定，频频看表……但切忌伤了对方的自尊心。

> **一分钟口才训练**
>
> **暗示妙用多**
>
> 1.暗示的方法可以表达很多没法直接说出口的真实想法。
>
> 2.暗示的方法可以避免尴尬，给双方都留足面子。
>
> 3.暗示的方法可以委婉地表达意见、拒绝、请求等。
>
> **通用的暗示常用语**
>
> 1.我愿意帮助你解决问题，不过这件事很棘手，所以实在不知道成功率怎么样。
>
> 2.你不觉得……（在自己的意见前加上这个"抬头"，能让对方更容易进入你的暗示）
>
> 3.我认为这件事情可能换个想法会更好些……

6. 先同情，后赞美，再说理，才拒绝

　　同情是一切道德中最高的美德。　　　　　　——培根

　　生活中，我们常常遇到来自各方面的请求。一般来讲，我们所面临的请求可能来自部下、上级、同事或公司以外人员。其中有些请求有可能不合时宜或不合情理，或者侵害到我们自己的正当利益。但是我们往往出于很多原因，如担心拒绝之后将会得罪对方或招致其在其他方面的报复，或是想做广受好评的"好人"，或是不知道如何拒绝等，不得不答应这些请求，这无疑会让我们处于被动地位，所以，学会如何拒绝别人是非常重要的。

　　既然拒绝不可避免，那么如何礼貌、艺术地拒绝别人，是我们每一个人必须学会的功课。拒绝别人的过程，应该尽可能不让对方感受到不快，并表现个人的风度和修养。总体来说，拒绝可以分为"同情"、"赞美"、"说理"、"拒绝"几个步骤。首先应该同情对方的境遇，对对方遇到的困难表示充分的理解和关注，让对方意识到你和他是站在同一战线的；同时，赞美对方的大度和修养，一般来说，每个人都会不自觉地按照别人称赞自己的话去做，这样你就不会因为无法帮忙而和他产生矛盾；随后充分阐述自己的理由，让对方明白你的拒绝是迫不得已，最后再巧妙拒绝。一般来说，经过这样一个过程，真正的朋友很难再因为你的拒绝而怪罪于你。

　　有一位姓周的女士，一次出差时在火车上与一位看起来很有风度的男士坐在一起。这位男士主动和她搭讪，周女士觉得旅途无聊，就和

他攀谈起来。开始时双方的谈话还算随意，可谈着谈着，这位男士竟然问了周女士一句："你有男朋友了吗？是否结婚了？"周女士一听顿生反感，但是并没有直接表示出来，而是态度平和地首先称赞了那个男士一下："先生，一看就知道您是个有教养的人。刚才通过谈话，我也看出您应该受过很好的教育。"然后她话锋一转，说："我听人说过这样一句话，前半句是'对男人不能问收入'，所以我才没有问你的收入；后半句是'对女人不能问婚否'，所以你这个问题我还是保持沉默了，请谅解。"那位男士听周女士这么一说，也觉得自己有些唐突，尴尬地笑了笑，不再说话了。在这里，我们不得不佩服周女士的应变能力。简单的几句话，既拒绝了别人探听自己的隐私，又没有令对方下不来台，可谓得体又有风度。

拒绝的技巧，会很大程度上避免和消除人们对"拒绝别人就是得罪人"的偏见。拒绝是一种"量力而行"的表现，有些请托由他人承办可能更合适，或本应由请托者本人来做。拒绝也有利于委托者反思与检视自己的行为。采用礼貌、恰当的方法拒绝别人的不合理要求，不仅是对我们自身权益的保护，也是对他人的尊重。无理由的帮助是纵容，其后果绝对是我们不希望看到的。

一分钟口才训练

拒绝别人应注意的问题

1.要端正自己的观念。既然人与人之间是相互依赖、互惠互利的，那么从别人身上获得相应的回报，无论是物质上的还是精神上的，都是很正常的。该索取的时候就索取，不值得付出时就坚决拒绝。

2.要耐心倾听请托者的要求。即使他说了一半你就明白此事非拒绝不可，为了确切了解他的用意和对请托者表示尊重，也要听完他的话。

3.拒绝对方时，态度要诚恳，说话要实事求是。

在拒绝别人时应明确表达的信息

1.必须指出拒绝的理由。指出真诚的并且符合逻辑的拒绝的理由，有助于维持原有的关系。如果你觉得拒绝的理由不充分，也可以直接拒绝不说明理由。当你说明理由后，对方试图反驳，你千万不可与之争辩，只要重申拒绝就行了。

2.指明对事不对人。一定要让对方知道你拒绝的是他的请求，而不是他本身。

3.拒绝之后，最好可以为对方指出处理其请求的其他可行办法，这样能够让对方感觉到你是为他着想。

7.说明自己的苦衷，温和而坚定地说"不"

成功的奥秘在于目标的坚定。

——迪斯雷利

亲友向你寻求帮助，你认为自己应该拒绝的时候，就要想方设法把"不"说出口。

说"不"的方法归结起来主要有两种：

一是明确干脆地向对方说"不"，并找出用来拒绝对方的"正当"理由。比如你明确地向对方表示自己目前的工作很忙，腾不出手来帮他。

二是温和委婉地说"不"。例如，当对方的要求不合规定时，你就要委婉地说明自己的工作权限，并暗示对方如果自己帮了这个忙，就会让自己也犯错误，违反了公司的有关规定。或者可以告诉他，你不巧手头上正要处理一件非常重要的事情，如果对方能够等待，可以等你完成手头的工作后再来。对方听你这么说，一般也会知难而退。总之，说明自己的苦衷，温和而坚定地说"不"一般能够达到拒绝的目的。

一分钟口才训练

拒绝的几个要求

1.说话态度要坚决。

拒绝别人的请求难免会给别人造成伤害，但不能因此而犹豫不决。只要是有求于你的人，对你的言行都非常敏感。如果你拒绝的态度不够坚决，很容易造成对方的误会，最后往往会带来比拒绝更大的伤害。

2.选择恰当的方式。

应该考虑到你们平素的关系和对方的个性特点,选择冷处理或面谈或书信等方式,但建议你不要采用托人转告的方式,因为这显得你对对方不够尊重,还可能带来不必要的麻烦。

3.选择合适的时机。

一般来说,不要在对方刚表示了请求时立即加以拒绝,因为此时对方很难接受;但也不可拖延太久,以免给对方造成误会。当然,具体选择什么时机,要视具体情况而定。

一分钟说服他人
——口才训练6大手段

1. 站在对方的立场，表达出同理心

真正的爱情不仅要求相爱，而且要求相互洞察对方的内心世界。

——苏霍姆林斯基

我们常说，理解万岁，如果我们对他人表示理解，那么我们就具有了吸引他人的最好的魔法。任何人只要他能自如地掌握有关技巧，就能有看透对方内心的力量。比如说，当对方遵照你的意见做事而觉得疲惫不堪，因此和你发牢骚、抱怨的时候，如果你能够洞悉人心，便能立即察觉对方的不满。"我理解你"这短短四个字，就是你能向他人说出的最体贴、最温柔的一句话，换句话说，这就是对方最乐于听到的一句话。所谓感情移入，就是以我心换你心的将心比心的态度，它能使你具有了解对方的情绪与心意的能力，使你具有支配他人的力量。运用这种方法，站在对方的立场，表达出同理心，必然能够说服对方为你做任何事情。

曾经有一段时间，波士顿的报刊上充斥着一些自称堕胎专家的人和一些庸医刊登的小广告。这些人常常欺诈无辜的患者，甚至令患者丧命，可是他们却没能被依法治罪。

后来，波士顿城内的上流社会人士群起抗议，牧师们在讲台上抨击、痛责那些刊登污秽广告的报纸，其他公共团体包括商会、妇女会、青年会也都极力声讨，然而一切照旧。州议会也开始了激烈的讨论，想使这种无耻的广告成为"非法"，但因对方的强大背景，立法最终没有通过。

那时，威尔斯是一个基督教团体的主席，他带领会员们使用了各种

方法来对付这种医界败类,但最终都宣告失败,一切努力眼看就要付之流水。

有一天,威尔斯仔细分析了局势,突然想到了一个好办法。他给波士顿最著名的报社写了一封信,信中述说了他对该报长久以来的仰慕之情,还一再表示它是全州乃至全美最优秀的刊物之一。但他接着说:"可是,我的一位朋友告诉我,他年幼的女儿有天晚上看到贵报上的一则打胎广告,因为看不懂某些词就向她的父亲询问它们的意思,结果我的朋友被问得窘迫至极,他不知道该怎么跟孩子解释。贵报在波士顿上流社会是一份广受欢迎的读物,不知我朋友家里发生的情形,是否在别的家庭里也普遍存在?如果你有这样一个纯洁、天真的女儿,你想必也不愿意她看到这些广告吧?当你的女儿也问你同样的问题,你又该作何解释?贵报在别的方面堪称完美,但却因这样致命的瑕疵而使做父母的不得不收回子女们翻阅贵报的权利。我个人对此深表遗憾,而数以万计的读者想必也都为此惋惜不已。"

两天后,这家报社的发行人给威尔斯回了信,并声称:"自周一始,本报所有版面中那些不受欢迎的广告都将被大力封杀。至于暂时不能停止的医药广告,会经编辑谨慎处理后,始行刊登,以避免引起读者的尴尬和反感为准则。"

站在别人的立场考虑问题,表达同理心就会受到大家的欢迎,轻松达到说服的目的。

一分钟口才训练

站在对方立场的几个优势

1.有利于了解对方的心态,更容易说服成功。

2.有利于分析自身的缺陷,通过言语表达掩盖缺陷。

3.有利于唤起对方的同感,加深情感方面的交流。

如何表达与对方同理心

1.积极倾听。

听取对方的意见是表达与对方站在同一立场的第一步。

2.阐释对方的观点。

让对方感受到你与他站在同一战线的一个最为有力、最令人吃惊的做法就是首先直截了当地指明对方的观点,从对方的谈话中总结出对方的观点。

3.理解对方的感受。

这一点说起来比较容易,可是做到位很难。提醒一下:对方通常是能够感觉到你所表达的这种"于我心有戚戚焉"的感觉是不是发自内心的,是否是真诚的。

2.鼓励对方多说话，再从中找切入点

教育中应该尽量鼓励个人发展的过程。

——斯宾塞

交流是双方面的。我们都知道，如果我们希望了解一个人，最好的方式就是和他交流。在鼓励别人说话这方面，很多时候我们能发现这里是存在矛盾的。一方面，我们为了更好地了解他人并和他们合作，就应该鼓励他们多说话；另一方面，很多"处事学"的书籍告诉我们"言多必失"，要求我们"谨言慎行"，于人于己都是如此。那么，我们应当如何寻找到"谨言"和"交流"的平衡点呢？

当然是只能多多鼓励对方说话，从言谈中寻找相关切入点了。在谈话中，如果我们希望了解对方，就应该让对方多说，以对方为中心而自己多听，从而更能掌握对方。善于观察与倾听，捕捉谈话中隐藏的事实。因此，当对方的谈话中出现精辟的见解、有意义的陈述或有价值的信息，你要以诚心的赞美来夸奖说话的人。例如："这个故事真棒！"或"这个想法真好！""您的意见很有见地"等。这种良好的回应可以激发很多有用而且有意义的谈话，有助于你从中找到说服的切入点。

有人会认为，一味让对方开口，让对方表达观点，不是丧失了对问题的主动权了吗？那样的话，说不定不但我们没有说服别人，反而被对方说服了。其实这种想法是错误的。

我们鼓励对方先说话、多说话，目的在于研究分析谈话者，寻找到

一针见血的切入点，然后直击要害。因为一般谈话者最主要的目的是得到一个相对独立的解决问题的方法。所以，只要精于提问，往往就会有收获。当然，鼓励对方说话不是盲目的，我们要找准谈话者普遍关注的热点、难点问题。只有涉及到双方利益的问题或者双方都关注的问题，才会引起对方兴趣，在话题主导方面，一定要让对方"有话可说"，寻找到恰当的谈话空间，尤其要注意让对方能够与你产生共鸣，这样才能谈得上"交流"。我们都看过一些谈话节目，虽然那不能与我们日常对话相提并论，但是其中有一定的相通之处。在谈话节目中，主持人往往能够根据谈话中的内容灵活选择切入点，提出一个新的、观众感兴趣而且也能引起嘉宾共鸣的话题，嘉宾更加滔滔不绝，而主持人也就有更多的资料能够选择新的切入点，于是整个节目进入良性循环，成功地进行下去。这种引导谈话的方法，实际上从另一个方面鼓励了谈话者"多说话"，在我们日常沟通中有值得借鉴的地方。

所谓说得越多错得越多。当你引导性地让别人更多地去说，你就可以发现谈话中的错误，从错误中寻求切入点。一旦你发现了切入点就可以顺水推舟去解决存在的问题，进行说服。

一分钟口才训练

鼓励多说的技巧

1.抓住核心问题，开门见山，切中要害。这种方法是一开始就提出硬性的、紧扣主题的问题，然后将其扩展为比较笼统的问题。

2.由浅入深，追问问题，发掘未知的细节。可以先用一些宽泛的话题缓解气氛，逐渐引入正题；或旁敲侧击，追本溯源，引出未知的细节。

3.诱导性的提问，引出生动活泼、论点鲜明的谈话。在诱导性提问中，对象得有较好的敏感性，并肯于争辩，而你则需要掌握好谈话的时机，运用语气、声调或措辞来引诱对方作肯定性回答。

4.适度的沉默。沉默也是谈话中的一个重要的技巧，它可以给谈话对象留出思考和阐述问题的时间。聪明的人一般不会打断对方的谈话，这样可能得到直接询问得不到的情况。故意不露声色，有时同样有效。

善于寻找错误点

1.鼓励谈话者绕开存在的问题更广泛地去谈其他事情。

2.从相关事情中寻找错误点。

3.从错误点中选需要的切入点。

3.树立"共同的敌人",与对方同仇敌忾

> 朋友间的不和,就是敌人进攻的机会。
>
> ——伊索

意见不同是人际交往中不可避免的情况,各种争执也往往由此而生。因此,如果我们能够和对方站在同一立场,同仇敌忾面对一个"共同的敌人",就能有效缩小和对方的距离,不仅能避免分歧,而且能让对方转而认同你的观点,寻找到更多支持。所以,一个高明的领导人,让自己的团队最团结的办法,就是要给他们树立一个共同的敌人,这个人,可以是外部的竞争对手,也可以是内部一御用闲人。这就是为什么领导的身边,总会有那么个不招待见,却格外得到领导的信任的人。

想成功说服对方,首先得进入对方内心世界。你应该与他站在同一立场上,先肯定他正确的一面,或讲他愿听的话,寻求共同点,强调彼此共同的观点。也不妨先树立起一个"共同的敌人",表示要与对方同仇敌忾,然后再针对对方心理"对症下药",找到说服对方的有效途径、方法。根据对方的需要,提出你的新主张,从而让对方放弃旧的主张。

朋友之间会有一些共同语言,共同喜欢的或不喜欢的事物,因此,在谈话过程中出现矛盾与分歧的时候,你应该敏锐地把握这种共同意识,以便找到共同的敌人,缩小与对方的心理差距,进而达到说

服的目的。其实说服本身就是要设法缩短和别人之间的心理距离，而共同的敌人的提出往往会增加双方的认同感，最终达到接近对方内心的目的。一个优秀的谈判高手总是使自己的声调、音量、节奏与对手相符相称，甚至身体姿势、呼吸等也无意识地与对手一致。这是因为人类具有排斥"敌人"的倾向，抓住这种心理，就能让对方认为你和他有相同的想法。

在人际交往的过程中，我们需要时时刻刻让对方感受到我们与他们站在同一战线，并肩作战面对"共同的敌人"，有些人因为掌握了其中的精髓而使自己的人脉网络得到了应有的保护和拓展，而另一些人则因为某个细节处理不当而失去了潜在的人脉资源。

一分钟口才训练

树立"共同的敌人"方式说服他人的步骤

1.跟对方说明自己的来意，看对方的态度，然后决定从哪个角度入手。

2.等待对方的第一反应，找到对方心理上反面的对象。

3.表示对方认为的那个反面对象也是自己的敌人，应该联手对付"共同的敌人"。

4.在说服对方时，尽量与对方存在共同意识，从心理上让对方同意。

5.利用打击"共同的敌人"达到最终的说服目的。

从哪些方面能够树立"共同的敌人"

1.从对对方焦虑的问题表示出特殊的关心入手。当你对对方正焦虑的问题表示出特殊的关心时，对方会因此对你产生好感，进而拉近彼此间的心理距离。

2.从对方喜好入手，从喜好中找到对方一个无法逾越的"突破点"。

3.从对方的"敌人"入手。对对方敌人的抨击往往意味着和对方站在同一战线,容易让对方觉得你是"自己人",但是注意保证对方的敌人与你无关,尤其没有利害冲突和合作关系,否则这无疑会让你未来的人际关系出现麻烦。

4. 诱导设问，让对方自己改变主意

改变好习惯比改掉坏习惯容易得多，这是人生的一大悲哀。

——毛姆

诱导，就是有次序地、耐心地诱发、引导对方思考，让人真正想通、弄懂。以诱导技巧说理，尽管会多费一点口舌，但能使对方心悦诚服，这些口舌也就很有价值了。诱导设问则是在说服对方时问一些问题，诱使对方自我否定，自动放弃原来的想法。

就在俄国伟大的十月革命刚刚胜利的时候，象征着俄国沙皇统治的克里姆林宫被革命军队攻下并占领了。长期受到剥削压迫的俄国民众愤怒地叫嚣着并打着火把，要把这座举世闻名的宫殿付之一炬，以解他们心中对沙皇的仇恨。许多有知识的革命工作者劝说民众不要冲动，但是无济于事。情况越演愈烈，消息很快便传到了列宁那里。列宁立即赶到现场，面对着那些义愤填膺的民众，列宁很恳切地说："兄弟们，皇宫可以烧，但是我有几句话要问大家，说完之后大家怎样处置它都可以，你们看可不可以呢？"愤怒的民众一听这话，便稍稍缓和了气氛，于是答道："当然可以，我们的英雄。"列宁问："请问这座房子原来住的是谁？""是沙皇统治者。"民众大声地回答。列宁又问："那它又是谁修建起来的？"民众毫不犹豫地说道："是我们的同胞，是他们用血和汗建成的。""那么，既然是我们人民修建的，我们为什么要烧掉我们自己的东西呢？现在就让我们选举的人民代表住在里面，你们说，可不可以呀？"民众觉得这话十分在理，纷纷点头同意。列宁再问："那还要烧吗？""不烧了！"民众齐声答

道。克里姆林宫终于保住了。迁怒于外物往往是情感质朴、思维简单化的一种表现,这时说服的关键就在于疏导。面对激愤的群众,列宁的五句循循善诱的问话,理清了民众的思路,保住了这座举世闻名的建筑。

一分钟口才训练

诱导提问的几个策略

1.要有目的地诱导。要有明确的说服目的,有的放矢,所有的诱导内容,都为总目的服务。

2.既有总体设计,又有分步计划。每一步怎样诱导、怎样发问,谈话前都要经过深思熟虑,胸有成"话"。最后,矛盾突现,诱使对方在无法解决的矛盾面前自我否定。

3.避免自己的诱导提问变成"哑炮",一个人唱独角戏。要诱导出对方的话,开启其思路,就要预先有个通盘打算。

诱导的几种方式

1.有步骤地诱导。我们在做事之前心中要有个完整的谋划。每一步怎样诱导、怎样发问，谈话前都应经过深思熟虑。这样环环紧扣、步步深入，才能诱使对方在无法解决的矛盾面前自我否定。

2.迂回诱导。进行有效说服的一个较好的策略是采取迂回战术，不从正面入手。直接说服容易让对方产生抵抗心理，所以，不妨从侧面打开缺口。

3.一语破的式的诱导。这种一语破的诱导方法往往能收到较好的劝说效果。

4.以退为进式的诱导。所谓"以退为进"，就是先赞同对方的观点，然后再提出自己的看法，并说服对方。

5.有预料的诱导。在去说服别人之前，我们也可以进行一下预测。对方会怎样讲，讲些什么，我们应如何回答，都要考虑到。这样才能有的放矢，使劝说获得成功。

5. 举出亲身经历，用事实说话

　　人生的白纸全凭自己的笔去描绘。每个人都用自己的经历填写人生价值的档案。

——佚名

　　要想抓住别人的注意力，你不妨讲一讲自己的亲身经历。讲自己的经历是出于真情实感，所以也容易引起听者的共鸣，例如最难为情的事，最美好的回忆，第一次遇见自己伴侣时的情景等。这些都是人们感兴趣的话题，当谈论这些话题时，人们能从中获得乐趣。自己的特殊经历，经过一段时间的积淀，会形成一种独特的东西。这种独特一般都能吸引听众的耳朵，满足人们的某种心理需要，进而达到说服对方的目的。

　　一位法国学员发表演讲，演讲主题是自由、平等、博爱的重要意义。他开始是这样说的："自由，平等，博爱是全人类的伟大思想，如果没有这三者，生命还有什么价值？如果我们的自由是受到各种各样的限制的，会是怎样的生存状态啊……"学员刚讲到这里就被老师打断了："那你能用亲身经历证明这三者的重要性吗？"这位学员开始讲述自己的亲身经历。他说自己在二战期间是法国的地下工作者，由于纳粹的残暴统治，他和家人受到了很多屈辱。演讲中他的语言活灵活现，非常细腻地描述自己和家人逃过秘密警察的追查，艰难来到美国的经过。在结束演讲时，他这样说："现在，我可以自由地演讲，也能随便到处来去。遇到警察，他们也不把我当成小偷一样盯着，在饭店里也不用出示身份证了。下了课，我能够去任何合法的地方，一点也不受限制。这些都是自由的好处。所以说自由值得我们为之奋斗终身。"他的演讲刚一结束，同学们都起立热烈地鼓掌，可见他的情感影响到了同学们。

　　大多数情况下，叙述自己亲身经历的事都能获得听众的欢迎。可是无数事实证明，这个很有价值的观点人们尚未认识到，人们往往认为自己的经验难免琐碎，不具有代表性，容易受到局限，并且归纳起来很有难度。因此，他们会根据需要套用有一些概念或哲学理论，希望能通过这些显示自己的"品位"——这其实是不明智的。那种一写文章、一开口讲话就满嘴大道理的人，一般都是不大受欢迎的，他们缺乏说服力，使人产生距离感。

　　大道理通常是抽象的，因为道理往往是概念、哲理等，而概念和哲理如果叙述不好，会让人们觉得不知所云。假想一下听众如果听不懂你在说什么，那你的演讲又有什么意义呢？可是陈述自己的经历就不同了，自己的经历都很真切，记忆深刻，那么你讲起来自然能生动形象富有感情，容易与人产生共鸣。只要你从自己的经历出发，人们的注意力就会很自然地被你吸引，说服的目的也就自然达到了。

一分钟口才训练

亲身经历的效果

1. 亲身经历更加容易得到对方的信任。
2. 亲身经历更能加深对方对你的印象。
3. 亲身经历更能有助于你说服对方。

如何让对方相信你的亲身经历

1. 说话中加上具体事件发生的时间，告诉对方"上个星期四我……"比"上次我……"更有说服力。
2. 事件要符合自己日常办事风格和思维习惯。

中国有一句俗语："人若改常，不病即亡。"如果我们告诉对方的亲身经历与我们平常的思维习惯相差甚远，那么即使那个经历是真实的也很难让对方信服，说不定还会让他人以为你在编造"亲身体验"，得不偿失。

3.选择一个第三者作为证人。

我们都知道"众口铄金"这个成语，当我们面对对方怀疑的反问"真的吗？"的时候，告诉对方"不信的话，你可以去问×××"往往会让对方一下子信服。记住，这个"证人"最好选择对方信任或者认识的人。

6. 动之以情，晓之以理

> 真正打动人的感情总是朴实无华的，它不出声，不张扬，埋得很深。
> ——周国平

动之以情，晓之以理，就是在说服的时候用饱含感情的话语讲道理，来软化对方，以达到说服的目的。简单的事情、小道理或一两个典型事例，再加上简明扼要的分析，就把道理说清道明。复杂的事情、大道理，涉及多方面的因素，触动一点就牵动全局，必须全方位、多层次、多角度地开展一系列说服工作，并辅以严密的逻辑推理，才能水到渠成地得出结论。这个结论不宜由你自己单方面推断出来，而最好以征询的口气引导对方一起推理，共同探讨，得出结论。让他把你的意见、主张，当做自己寻求到的答案，自愿接受。这样的说服更高明，因为对于自己思考得出的结论，人们更坚信不疑。

世界闻名的行为治疗专家阿加尔教授有个中国博士研究生叫彭倚云，彭倚云能够得到这个很多人羡慕不已的学位正是借助口才的力量。面试的时候，他们两个人曾经非常发生激烈的争论。阿加尔教授固执地咆哮着："……你绝对不可能说服我！"彭倚云毫不服输地答道："我知道那并不容易，因为我还在母亲肚子里时，你就已经成为心理医生了。现在只能通过实验来说服你或者我了，可是这些实验没有人来做，我们就无法知道谁对谁错。""你的实验方案起码有不下十处错误，怎么能够实施？"说到这里，双方的争论火药味十足，好像无法再继续下去了，但彭倚云马上机灵地把感情因素融入到争论中。她说："我的实验方案确实还不够成熟。如果你能接受我这个学生，作为导师你就可以修改方案，并且做得尽善尽美了。""你以为我会指导一个跟我作对的研究生吗？"彭倚云笑着说："我想会的。可是经过这么激烈的争吵，估计我不会被牛津大学录取了。""那我问你，"阿加尔教授开始有些渐渐让步了，"究竟你为什么选择学习这个行为治疗科目？而且要做我的研究生？""因为有一次我在你的书里看到：'行为治疗的目的是为了拯救那些心灵上备受痛苦的人，让他们能回到正常的生活，享受到正常人应该得到的幸福和权利。'诚恳地说，我并不赞成你书里的其他话，唯独这句话我是真心赞同的。""这是为什么？""因为不能做正常人的痛苦我是知道的，我也曾遇到过很多失去正常生活的权利而痛不欲生的人。我觉得行为治疗是能够缓解他们的痛苦的。所以在这方面，我和你的看法很一致，我想咱们的分歧是怎样使治疗更好地进行。"最后，彭倚云靠着自己的见解和辩才征服了这位好几年才收一名研究生的教授。

　　牧师在布道宣传宗教教义时，以情动人，往往能在催人泪下的同时，不露痕迹地对听众施加思想影响，在不知不觉中听众就接受了其中的教义。这就是情感的力量。对于形象思维强于逻辑思维的青少年儿童，对于多数平日没有深刻理论思维习惯的人，以事比事，将心比心，运用其自身或熟人的经验教训，再加上感情色彩浓厚的语言，绘声绘色地诉说，便能令他感到亲切可信，引发情感上的共鸣，从而为说服他接受道理扫清了障碍、铺平了道路。

一分钟口才训练

动之以情，晓之以理的要领

1.要满怀信心，争取主动；要运用委婉、商榷的语气，切忌盛气凌人、以势压人。否则，只会给说服工作增加难度。

2.动之以情一定要结合晓之以理，通情才能达理。情与理缺一不可，要让对方感受到你的观点于情于理都可以被接受。向对方分析事物的时候一定要"两手抓"，必要时，最好从"情"先入手，先让对方在感情上接受你的观点，再辅以理智分析，往往能够事半功倍。

3.动之以情，晓之以理，还要结合衡之以利。所谓衡之以利，就是权衡利弊得失，讲清利害关系，在此基础上说服，才称得上是真正的通情达理，也更令人心悦诚服。

书目

001. 唐诗
002. 宋词
003. 元曲
004. 三字经
005. 百家姓
006. 千字文
007. 弟子规
008. 增广贤文
009. 千家诗
010. 菜根谭
011. 孙子兵法
012. 三十六计
013. 老子
014. 庄子
015. 孟子
016. 论语
017. 五经
018. 四书
019. 诗经
020. 诸子百家哲理寓言
021. 山海经
022. 战国策
023. 三国志
024. 史记
025. 资治通鉴
026. 快读二十四史
027. 文心雕龙
028. 说文解字
029. 古文观止
030. 梦溪笔谈
031. 天工开物
032. 四库全书
033. 孝经
034. 素书
035. 冰鉴
036. 人类未解之谜（世界卷）
037. 人类未解之谜（中国卷）
038. 人类神秘现象（世界卷）
039. 人类神秘现象（中国卷）
040. 世界上下五千年
041. 中华上下五千年·夏商周
042. 中华上下五千年·春秋战国
043. 中华上下五千年·秦汉
044. 中华上下五千年·三国两晋
045. 中华上下五千年·隋唐
046. 中华上下五千年·宋元
047. 中华上下五千年·明清
048. 楚辞经典
049. 汉赋经典
050. 唐宋八大家散文
051. 世说新语
052. 徐霞客游记
053. 牡丹亭
054. 西厢记
055. 聊斋
056. 最美的散文（世界卷）
057. 最美的散文（中国卷）
058. 朱自清散文
059. 最美的词
060. 最美的诗
061. 柳永·李清照词
062. 苏东坡·辛弃疾词
063. 人间词话
064. 李白·杜甫诗
065. 红楼梦诗词
066. 徐志摩的诗

067. 朝花夕拾	100. 中国国家地理
068. 呐喊	101. 中国文化与自然遗产
069. 彷徨	102. 世界文化与自然遗产
070. 野草集	103. 西洋建筑
071. 园丁集	104. 西洋绘画
072. 飞鸟集	105. 世界文化常识
073. 新月集	106. 中国文化常识
074. 罗马神话	107. 中国历史年表
075. 希腊神话	108. 老子的智慧
076. 失落的文明	109. 三十六计的智慧
077. 罗马文明	110. 孙子兵法的智慧
078. 希腊文明	111. 优雅——格调
079. 古埃及文明	112. 致加西亚的信
080. 玛雅文明	113. 假如给我三天光明
081. 印度文明	114. 智慧书
082. 拜占庭文明	115. 少年中国说
083. 巴比伦文明	116. 长生殿
084. 瓦尔登湖	117. 格言联璧
085. 蒙田美文	118. 笠翁对韵
086. 培根论说文集	119. 列子
087. 沉思录	120. 墨子
088. 宽容	121. 荀子
089. 人类的故事	122. 包公案
090. 姓氏	123. 韩非子
091. 汉字	124. 鬼谷子
092. 茶道	125. 淮南子
093. 成语故事	126. 孔子家语
094. 中华句典	127. 老残游记
095. 奇趣楹联	128. 彭公案
096. 中华书法	129. 笑林广记
097. 中国建筑	130. 朱子家训
098. 中国绘画	131. 诸葛亮兵法
099. 中国文明考古	132. 幼学琼林

133. 太平广记
134. 声律启蒙
135. 小窗幽记
136. 孽海花
137. 警世通言
138. 醒世恒言
139. 喻世明言
140. 初刻拍案惊奇
141. 二刻拍案惊奇
142. 容斋随笔
143. 桃花扇
144. 忠经
145. 围炉夜话
146. 贞观政要
147. 龙文鞭影
148. 颜氏家训
149. 六韬
150. 三略
151. 励志枕边书
152. 心态决定命运
153. 一分钟口才训练
154. 低调做人的艺术
155. 锻造你的核心竞争力：保证完成任务
156. 礼仪资本
157. 每天进步一点点
158. 让你与众不同的8种职场素质
159. 思路决定出路
160. 优雅——妆容
161. 细节决定成败
162. 跟卡耐基学当众讲话
163. 跟卡耐基学人际交往
164. 跟卡耐基学商务礼仪
165. 情商决定命运
166. 受益一生的职场寓言
167. 我能：最大化自己的8种方法
168. 性格决定命运
169. 一分钟习惯培养
170. 影响一生的财商
171. 在逆境中成功的14种思路
172. 责任胜于能力
173. 最伟大的励志经典
174. 卡耐基人性的优点
175. 卡耐基人性的弱点
176. 财富的密码
177. 青年女性要懂的人生道理
178. 倍受欢迎的说话方式
179. 开发大脑的经典思维游戏
180. 千万别和孩子这样说——好父母绝不对孩子说的40句话
181. 和孩子这样说话很有效——好父母常对孩子说的36句话
182. 心灵甘泉